当代体育学者文库

老年体育
公共服务高质量供给研究

◎宋亚伟 著

人民体育出版社

图书在版编目（CIP）数据

老年体育公共服务高质量供给研究 / 宋亚伟著.--
北京：人民体育出版社，2021（2024.12重印）
（当代体育学者文库）
ISBN 978-7-5009-6060-7

Ⅰ.①老… Ⅱ.①宋… Ⅲ.①老年人—体育活动—公共服务—研究—中国 Ⅳ.①G812.48

中国版本图书馆CIP数据核字(2021)第140037号

*

人民体育出版社出版发行
廊坊市蓝华印刷有限责任公司印刷
新 华 书 店 经 销

*

787×960　16开本　9.25印张　150千字
2021年9月第1版　2024年12月第3次印刷

*

ISBN 978-7-5009-6060-7
定价：52.00元

社址：北京市东城区体育馆路8号（天坛公园东门）
电话：67151482（发行部）　　邮编：100061
传真：67151483　　　　　　　邮购：67118491
网址：www.psphpress.com

（购买本社图书，如遇有缺损页可与邮购部联系）

前　言

人口老龄化是21世纪人类社会共同面临的重大课题，也是我国的基本国情，积极应对人口老龄化是国家的一项长期战略任务。党中央、国务院历来高度重视老龄工作。尤其是党的十八大以来习近平总书记将老龄工作纳入党和国家工作全局，多次对加强老龄工作作出重要批示指示，提出了发展老龄事业的新理念、新思想、新战略、新要求。2019年11月，中共中央、国务院印发《国家积极应对人口老龄化中长期规划》，应对人口老龄化上升到国家战略，这是党中央、国务院把握人口发展大趋势和老龄化规律做出的立足当下、着眼长远的重大战略部署。规划指出，要将"打造高质量的为老服务和产品供给体系"作为应对人口老龄化的具体任务之一。老年体育公共服务供给作为促进老年人身心健康、提高老年人生活质量的重要手段，如何抓住机遇、应对挑战，为积极应对老龄化国家战略贡献体育力量，是迫切的时代课题。

开展老年体育公共服务高质量供给研究，是学习贯彻习近平总书记关于加强老龄工作重要讲话和重要指示精神，增强全社会积极应对人口老龄化意识，开展积极应对人口老龄化行动的重要举措。探索老年体育公共服务高质量供给模式，研判高质量供给对策，将进一步融合、发展老年体育学、体育社会学、体育管理学等相关研究领域。既是深度落实《国家积极应对人口老龄化中长期规划》部署要求，完善养老服务体系、推进健康中国建设时代要求的理论探索，又是丰富老年人精神文化生活，提高老年人生活质量，构建老年体育公共服务供给途径的学术探索。可以有效提升老年体育公共服务供给水平，缓解老年人日益增长的高质量体育服务需求和供给不平衡不充分的矛盾，可以有效地促进全民健身与全民健康的深度融合，为政府制定老年体育方针政策提供理论依据，对推动老年体育事业发展起到积极性作用，对构建社会主义和谐社会具有重要现实意义。

本书介绍了当今世界人口老龄化发展状况和国际社会应对人口老龄化的主要共识和典型经验，分析了我国人口老龄化的基本态势、深刻影响和战略环境，总结了我国应对人口老龄化的主要成就、经验和问题。在此基础上，以探索性研究方式，采用文献资料研究、逻辑分析等方法，系统性、整体性、针对性地从多个视角、多个层面对老年体育公共服务供给进行综合研究。立足我国老年体育公共服务供给的实践基础，借鉴发达国家的供给经验，明晰了老年体育公共服务高质量供给的现实逻辑，从宏观发展到微观运营的双向视角，通过整体布局，局部突破，构建了高质量供给的实施模式，进而提出引导老年体育公共服务高质量供给的发展对策。

本书主要有以下特点：一是强调系统性，既包含理论基础又结合发展实践，从现实逻辑到运行机理，从模式构建到对策研判，体系完整，内容丰富；二是注重实践性，引入丰富的现实数据和理论拓展，深入浅出，循序渐进；三是体现灵活性，在充分把握系统性的基础上，每一章既相对独立，又保持完整。主要创新之处为：一是在大纲设计和内容取舍上逻辑清晰、行文简洁，避免大而全、面面俱到的概述，力图具有基础性、实用性和可读性，避免言不切实际、空泛议论的素材堆积；二是在基本理论和具体实践中都适当加入知识拓展和理论检测，深入浅出，生动形象。

本书共有七章内容。第一章介绍世界及主要发达国家人口老龄化发展概况。第二章、第三章分析阐述我国人口老龄化概况和应对人口老龄化的发展实践。第四章分析我国积极应对人口老龄化国家战略的目标任务，以及新时代老年体育公共服务的内涵、趋势、要求和高质量供给的阻碍。第五章从老年体育公共服务高质量供给的现实基础、动因机制和发达国家的经验镜鉴三个层面，分析高质量供给的现实逻辑。第六章以系统思维模式和"整—分—合"推进模式为理论基础，按照控制、结构、技术、环境四个维度构建出高质量供给的实施模式。第七章提出做好整体性顶层设计实现宏观把控、形成系统性闭合结构确保良性发展、实现突破性发展要求确保优化提升、营造高效性体制机制保障运行环境等老年体育公共服务高质量供给策略。

目 录

第一章 世界人口老龄化概况 （1）

第一节 世界及主要国家人口老龄化发展概述 （1）
一、人口老龄化概念界定 （1）
二、世界人口老龄化发展进程 （2）
三、世界主要国家人口老龄化趋势 （2）

第二节 国际社会应对人口老龄化的主要共识 （4）
一、老年人原则 （4）
二、健康老龄化 （5）
三、积极老龄化 （6）

第三节 国际社会应对人口老龄化的经验措施 （8）
一、发挥政府主导作用 （8）
二、完善老龄法律体系 （9）
三、保持经济持续增长 （9）
四、提高劳动生产率 （9）
五、适当提高退休年龄 （10）
六、鼓励生育吸收移民 （10）

第二章　我国人口老龄化概况……………………………（12）

第一节　我国人口老龄化的基本情况……………………（12）
一、我国人口老龄化的发展阶段……………………（12）
二、我国人口老龄化的成因分析……………………（13）
三、我国人口老龄化的基本特征……………………（15）

第二节　我国人口老龄化的深刻影响……………………（17）
一、人口老龄化对经济发展的影响…………………（17）
二、人口老龄化对社会发展的影响…………………（19）
三、人口老龄化对文化教育的影响…………………（22）
四、人口老龄化对养老保障的影响…………………（24）
五、人口老龄化对医疗卫生事业的影响……………（26）
六、人口老龄化对养老服务的影响…………………（27）

第三节　应对人口老龄化的战略环境……………………（29）
一、人口老龄化带来的主要机遇……………………（29）
二、应对人口老龄化的优势因素……………………（31）
三、应对人口老龄化面临的挑战……………………（33）

第三章　我国应对人口老龄化的发展实践……………………（36）

第一节　应对人口老龄化主要成就………………………（36）
一、党中央、国务院高度重视老龄事业发展………（36）
二、我国老龄事业顶层设计更加科学………………（37）
三、老年社会保障体系日臻完善……………………（38）
四、多层次养老服务体系初步形成…………………（41）

五、老年人卫生健康服务加快发展 …………………………（43）
　　六、老年人精神文化生活日益丰富 …………………………（45）
　　七、老年人宜居环境建设稳步推进 …………………………（46）
　　八、老年人合法权益得到有效保障 …………………………（47）
　　九、老龄工作体制机制不断完善 ……………………………（48）
　第二节　应对人口老龄化实践经验与主要问题 ………………（49）
　　一、应对人口老龄化实践经验 ………………………………（49）
　　二、应对人口老龄化主要问题 ………………………………（53）

第四章　积极应对人口老龄化国家战略与老年体育公共服务高质量供给 ……………………………………………（55）

　第一节　积极应对人口老龄化国家战略 ………………………（55）
　　一、积极应对人口老龄化的时代背景和战略意义 …………（56）
　　二、积极应对人口老龄化的战略目标 ………………………（56）
　　三、积极应对人口老龄化的具体工作任务 …………………（57）
　　四、积极应对人口老龄化的保障措施 ………………………（62）
　第二节　老年体育公共服务高质量供给 ………………………（63）
　　一、新时代老年体育公共服务的内涵 ………………………（64）
　　二、新时代老年体育公共服务的趋势 ………………………（65）
　　三、新时代老年体育公共服务的要求 ………………………（66）
　　四、新时代我国老年体育公共服务高质量供给的阻碍 ……（68）

第五章　我国老年体育公共服务高质量供给的现实逻辑 ………（73）

　　一、老年体育公共服务高质量供给的现实基础 ……………（74）

二、老年体育公共服务高质量供给的动因机制 ………… （83）

　　三、实践参考：发达国家老年体育服务供给经验镜鉴 …… （84）

第六章　我国老年体育公共服务高质量供给的实施模式 …… （104）

　　一、理论基础 ………………………………………………… （104）

　　二、系统思维模式 …………………………………………… （106）

　　三、"整–分–合"推进模式 ………………………………… （107）

　　四、实施模式 ………………………………………………… （109）

第七章　我国老年体育公共服务高质量供给的策略研判 …… （111）

　　一、宏观控制策略 …………………………………………… （111）

　　二、良性发展策略 …………………………………………… （116）

　　三、优化提升策略 …………………………………………… （118）

　　四、运行体制机制 …………………………………………… （129）

参考文献 …………………………………………………………… （132）

第一章　世界人口老龄化概况

人口老龄化是经济社会发展进步的产物，也是21世纪人类社会共同面临的重大课题。人口老龄化是不可逆转的客观趋势，同全球化、城镇化、工业化、信息化一道成为重塑世界发展格局的基础性力量。对所有国家的发展既是机遇也是挑战，是人类历史上前所未有的一场"无声的革命"。

第一节　世界及主要国家人口老龄化发展概述

一、人口老龄化概念界定

当老年人在人口中的比例增大时，我们称之为"人口老化"或"人口老龄化"（源于英文中的"Aging"或"Ageing"）。按照国际通行标准，60岁以上（以上含本数，下同）老年人口在总人口中的比例达到或超过10%（或65岁以上老年人口在总人口中的比例达到或超过7%）即进入"老龄社会[①]"。人口老龄化特别是指在这种人口年龄结构类型已经属于老年型的情况下，老年人口比重仍在继续上升的过程。一般而言，老龄问题是指由人的个体老化和人口群体老化给社会经济、社会发展以及老年人带来的问题。具体涵盖两个方面的问题：一方面，是指个体老化所带来的包括生理的、心理的、行为的和生活的问题；另一方面，是指人口群体老化即人口老龄化所带来的社会发展、经济发展问题，国际上称之为发展方面的问题。老龄问题最早是由马耳他驻联合国常驻代表在1969年联合国大会上作为补充项目"年长与老年人问题"提出的，从此

[①] 《中华人民共和国老年人权益保障法》将"60周岁"作为我国老年人界定的起始年龄。

老龄问题纳入联大（联合国大会简称）会议的议事日程。目前，老龄问题已经被公认为是21世纪人类社会的重大社会问题之一。

二、世界人口老龄化发展进程

法国是世界上最早步入老龄社会的国家。1850年欧洲产业革命即将结束时，法国60岁以上人口已占总人口的10%。到20世纪60年代，几乎所有的西方国家都进入了老龄社会。

据联合国发布的《世界人口展望》（2017年修订版）报告，2017年，全球60岁以上人口总数约9.62亿人，占全球人口的比例达到13%。60岁以上人口大约以每年3%的速度增长。全球80岁及以上老年人口从2017年到2050年预计将增加3倍多，从1.37亿人增加到4.25亿人。

到2030年，世界上60岁以上人口总数预计为14亿人，2050年为21亿人，2100年可能上升到31亿人。到2050年，除非洲以外，世界上所有地区的60岁以上人口占总人口的1/4或更多。在接下来的几十年里，由于近几十年出生的人数众多，老年人口的进一步增加几乎是不可避免。2017年，欧洲60岁以上人口占总人口比例最高，大约25%。世界其他地区也将迅速老龄化。到2050年，欧洲60岁以上人口占总人口比例预计将达到35%，北美洲28%，拉丁美洲和加勒比海地区25%，亚洲24%，大洋洲23%，非洲9%。

三、世界主要国家人口老龄化趋势

世界上人口老龄化最早、老年人口比例最高的国家大都是欧洲国家。法国和瑞典在19世纪最早出现了人口老龄化趋势。截至2018年1月1日，法国总人口7244.90万人（含马约特省人口），其中60岁以上人口占总人口的比例已达23.23%，65岁以上人口达到19.4%。截至2017年12月，瑞典总人口约1012万人，其中65岁以上人口占总人口的比例为19.82%。按《世界人口展望》（2017年修订版）中方案预测，到2050年，法国60岁以上人口占总人口的比例将达到32.2%，65岁以上人口将达到26.7%，瑞典60岁以上人口占总人口的比例将达到

30.4%，65岁以上人口将达到24.4%。

俄罗斯在20世纪60年代中期即已进入老龄社会，并且人口老龄化程度日益加深。1965年，俄罗斯60岁以上人口占总人口的比例超过10%，达到10.4%；截至2016年，俄罗斯总人口14654.5万人，60岁以上人口2979.4万人，占总人口的20.3%。按《世界人口展望》（2017年修订版）中方案预测，到2050年，俄罗斯60岁以上人口占总人口的比例将达到31.7%。

1970年，日本60岁以上人口占总人口比例达到10.4%，65岁以上人口的比例开始超过7%，这标志着日本正式进入老龄社会。截至2017年9月，日本总人口12667.8万人，65岁以上人口3510.6万人，占总人口的比例达27.7%。按《世界人口展望》（2017年修订版）中方案预测，到2050年，日本60岁以上人口占总人口的比例将达到42.4%，65岁以上人口将达到36.4%。

2000年，韩国60岁以上人口占总人口的比例为11%，65岁以上人口的比例超过7%，标志着韩国正式进入老龄社会。在2000—2010年，65岁以上人口的比例增加了3.7个百分点。截至2016年11月1日，韩国的人口是5127万人，65岁以上人口678万人，占总人口的13.22%。按《世界人口展望》（2017年修订版）中方案预测，到2050年，60岁以上人口占总人口的比例将达到41.6%，65岁以上人口将达到35.3%。

作为发达国家之一的澳大利亚在1950年就已经进入老龄社会。1950年，澳大利亚60岁以上人口的比例为12.45%，65岁以上人口为8.2%，而到人口老龄化战略提出前夕的2000年则上升为16.67%。截至2017年，澳大利亚人口总数为24598.9万人，65岁以上人口占总人口的比例为15.4%。按《世界人口展望》（2017年修订版）中方案预测，到2050年，60岁以上的人口占总人口的比例将达到28.3%，65岁以上人口将达到22.5%。

美国在20世纪中期就进入人口老龄化时代。根据美国人口普查局公布的美国老年人口情况，从1950年开始，60岁以上人口已经占美国总人口的12.4%，65岁以上人口已经占美国总人口的8.1%。到2016年，美国65岁以上人口为4920万人，占总人口的15.03%。按《世界人口展望》（2017年修订版）中方案预测，到2050年，美国60岁以上的人口占总人口的比例将达到27.8%，65岁以上的人口将达到22.1%。

第二节 国际社会应对人口老龄化的主要共识

20世纪80年代以来,历届联合国大会都把老龄问题列入了议事日程。1982年,联合国专门召开老龄问题世界大会,通过了《维也纳老龄问题国际行动计划》。之后,第45届、第46届、第47届联大又先后通过了《国际老人节》《联合国老年人原则》《2001年全球解决老龄问题的奋斗目标》《联合国老龄问题宣言》《1999年国际老年人年》《1999年国际老年人年行动框架》以及2002年第二次老龄问题世界大会中的《政治宣言》《马德里老龄问题国际行动计划》和《后续行动》等一系列重大决议。

一些代表性或权威的国际组织,如世界卫生组织(WHO)、世界银行(WB)、联合国人口基金(UNPFA)、国际劳工组织(ILO)、经济合作与发展组织(OECD)、国际助老会(Help Age)、国际老龄联合会(IFA)、国际老龄协会(FIAPA)等,积极回应联大的决议,对协调人口老龄化与经济社会发展的关系进行了深入的研究和探讨,并为全球应对老龄问题的挑战提出了行动指南。

一、老年人原则

联合国大会于1991年12月16日通过《联合国老年人原则》(第46/91号决议),大会鼓励各国政府尽可能将这些原则纳入本国国家方案。老年人原则主要涵盖以下几个方面:独立、参与、照顾、自我充实和尊严等,具体摘要如下。

独立:老年人应能通过提供收入、家庭和社会资助以及自助,享有足够的食物、水、住房、衣着和保健;老年人应有工作机会或其他创造收入机会;老年人应能参与决定退出劳动力队伍的时间和节奏;老年人应能参加适当的教育和培训方案;老年人应能生活在安全且适合个人选择和能力变化的环境;老年人应能尽可能长期在家居住。

参与:老年人应始终融合于社会,积极参与制定和执行直接影响其福祉的政策,并将其知识和技能传给子孙后辈;老年人应能寻求和发展为社会服务的机会,并以志愿工作者身份担任与其兴趣和能力相称的职务;老年人应能组织老年人运动或协会。

照顾：老年人应按照每个社会的文化价值体系，享有家庭和社区的照顾和保护；老年人应享有保健服务，以帮助他们保持或恢复身体、智力和情绪的最佳水平并预防或延缓疾病的发生；老年人应享有各种社会和法律服务，以提高其自主能力并使他们得到更好的保护和照顾；老年人居住在任何住所、安养院或治疗所时，均应能享有人权和基本自由，包括充分尊重他们的尊严、信仰、需要和隐私，并尊重他们对自己的照顾和生活品质做决策的权利。

自我充实：老年人应能追寻充分发挥自己潜力的机会；老年人应能享用社会的教育、文化、精神和文娱资源。

尊严：老年人的生活应有尊严、有保障，且不受剥削和身心虐待；老年人不论其年龄、性别、种族还是族裔背景、残疾或其他状况，均应受到公平对待，而且不论其经济贡献大小均应受到尊重。

二、健康老龄化

（一）健康老龄化定义

健康老龄化（Healthy Ageing）一词最早提出于1987年5月召开的世界卫生大会。世界卫生组织首次提出了"健康老龄化"的概念。世界卫生组织于1990年提出实现"健康老龄化"的目标。2015年10月，世界卫生组织发布了《世界卫生组织关于老龄化与健康的全球报告》。在报告中，健康老龄化定义为发展和维护老年健康生活所需功能发挥的过程。健康老龄化并非由机能或健康的某一水平或阈值来界定，而是定义为一个因每个老龄个体面具体不同的过程，因为每个个体的轨迹都会受到不同经历的影响随时发生变化。

为了探讨老年健康与机能问题，《世界卫生组织关于老龄化与健康的全球报告》对两个重要概念进行了定义和严格区分。首先是内在能力，指个体在任何时候都能动用的全部体力和脑力的组合。但是，内在能力只是决定老年人能做什么的因素之一；另外一个因素是老年人居住的生活环境以及老年人与生活环境的相互关系。对于能力处于任一水平的老年人，能否完成自己认为重要的那些事情，最终要取决于其生活环境中存在的各种资源和障碍。所以即使老年人内在能力有限,如果能够得到抗炎药物、辅助器材(如拐杖、轮椅、助力车)或者居住在可负担的、便利的交通设施附近,他们仍然能够去商场购物。这种个体与环境的结合及其相互关系就称为功能发挥。

(二)生命全程观点

以生命全程观点看待老龄化,老年人不是一个均一的群体,而且随着年龄的增加,个体差异有加大趋势。在生命各阶段进行干预,创建支持性的优良环境和促进健康的选择是很重要的。在世界各地区,包括发展中国家,非传染性疾病成为发病、致残和致死的主要原因。心血管疾病、高血压、脑卒中、糖尿病、肿瘤等非传染性疾病既是影响老年人的主要慢性疾病,又是个人、家庭和国家付出昂贵代价的主要疾病。但是许多非传染性疾病是可预防或者被延迟发生的。预防不力或对非传染性疾病的上升管理不当将产生大量人力和社会经济的消耗,这将耗去不相称的大量资源,这些资源本来可用于解决其他年龄组人群的健康问题。

越来越多的研究表明,一些慢性疾病像糖尿病和心脏病的初始危险,在童年早期甚至更早就开始了。这个危险是后来形成而且被一些诸如社会、经济状况和整个生命期间的经历等因素所改变。发生非传染性疾病的风险可随个体年龄的增加持续下去并增加。但是吸烟、缺乏体育活动、不适宜的饮食以及其他在成人时期已形成的危险因素,把老年人置于相对更危险、更容易产生非传染性疾病的状态。因此,从生命的初期到生命的晚期,即贯穿生命全过程都要注重非传染性疾病的危险性。正如世界卫生组织对健康定义所表述的那样,"健康"是指身体、精神以及社会适应。因此,在积极老龄化框架中,促进精神健康和社会接触的政策和计划与那些促进身体健康的计划一样重要。

三、积极老龄化

(一)积极老龄化理念

积极老龄化(Active Ageing)这一概念是在20世纪90年代后期提出并采用

的。2001年世界卫生组织出版了《健康与老龄化：讨论稿》，2002年为配合第二次老龄问题世界大会召开，在吸收多位专家意见和建议的基础上，出版了《积极老龄化：政策框架》以及此书的补充——2003年出版的《积极老龄化：从论证到行动》。这三本书系统地阐述了世界卫生组织对人口老龄化不断深化研究的历程。特别是在健康老龄化的基础上提出了积极老龄化的新观点，并被第二次老龄问题世界大会采纳。

现在，积极老龄化理念已经成为国际社会研究老龄问题的共识。正如世界卫生组织"老龄化和生命历程项目"协调员阿里克·卡拉奇在该书的"前言"中所言，"积极老龄化的政策框架和马德里第二次老龄问题世界大会通过的国际老龄行动计划一起，该计划为老龄政策提供了一个全新的视角"。

（二）积极老龄化含义

积极老龄化的含义比"健康老龄化"更加广泛。积极老龄化是指老年时为了提高生活质量，使健康、参与和保障的机会尽可能获得最佳的过程。积极老龄化既适用于个体又适用于群体。它让人们认识到自己在一生中能够发挥自己在体力、社会及精神方面的潜能，并按照自己的需求、愿望和能力去参与社会，而且当他们需要帮助时能获得充分的保护、保障和照料。

积极老龄化从"需求为基础"的政策和计划的观点（该观点设想老年人是消极对象），转为"权利为基础"的观点，承认在增龄过程中老年人有机会均等和处理生活各个方面的权利。积极老龄化政策和计划有潜力来解决个体及人口老龄化两方面所面临的许多挑战。当健康、劳动力市场、就业、教育和社会政策支持积极老龄化的时候，其作用将是：处于具有高生产能力的生命阶段者极少早逝；在老年阶段因慢性病致残者极少；越来越多的人进入老年后享有良好的生活质量；越来越多的人进入老年后积极参与社会、文化、经济和政治活动，以有偿或无偿的方式在社会、家庭和社区生活中发挥作用；医疗和照料的支出减少。

积极老龄化政策和计划确认需要鼓励和平衡个人的责任（自我保健）、年龄和谐的环境和代际间的团结。个人和家庭需要为进入老年做计划和准备，努力在生命各个阶段积极锻炼，同时需要有支持性环境实现"使健康选择成为易行的选择"。

（三）积极老龄化的要求

实施积极应对人口老龄化战略，需要以科学发展观为指导，立足我国改革开放和现代化建设大局，树立"积极老龄观"，做到三个"积极看待"。一要积极看待老年人。老年人曾经为国家建设做出过重要贡献，在经验、知识、技能方面具有独特优势，是经济社会发展可以依靠的重要力量。全社会都要尊重和接纳老年人，形成养老、孝老、敬老的良好氛围；同时，要继续发挥老年人的作用。二要积极看待老年生活。老年期是人生发展的重要阶段，人人都要积极面对老年生活，提前规划老年生活，乐于安享老年生活。三要积极看待老龄社会。我国的人口老龄化是经济社会发展进步的产物。既要看到人口老龄化带来的不利影响和各种挑战，又要看到应对人口老龄化的有利条件和发展机遇，从根本上要树立成功应对人口老龄化的道路自信、理论自信、制度自信、文化自信。

第三节 国际社会应对人口老龄化的经验措施

一、发挥政府主导作用

应对人口老龄化是一项复杂、系统的经济社会工程，需要发挥政府、市场和社会三大部门的作用，尤其是政府的主导作用。为此，联合国在1982年的《维也纳老龄问题国际行动计划》、2002年的《马德里老龄问题国际行动计划》以及后续行动计划和老龄问题国际会议中，都特别强调政府在应对人口老龄化国家战略执行方面的重要作用。根据以上联合国国际会议的精神，许多国家建立健全国家层面的老龄工作机制。例如，国家正式的老龄事务机构，如法国国家退休与老年人委员会、美国老龄署。非政府老龄事务机构，如美国退休者协会、韩国福利设施协议会。老龄问题研究和咨询机构，如日本总理府老龄问题研究室、意大利积极老龄化联盟。通过这些专门机构的工作，把应对人口老龄化纳入国家发展计划，逐步形成政府、市场和社会三大部门共同应对人口老龄化的机制。

二、完善老龄法律体系

老年人问题，特别是老年人权益保障问题，是应对人口老龄化过程中的一个重大问题。解决这一问题，不能仅仅靠制度安排，还需要强有力的法律保障。英国、美国、日本、德国、瑞典等发达国家老年社会保障制度的建立、发展和完善无不是以法律的颁布和实施为前提，各国老年人权利的全面实现也是法律强制实施的结果。目前，世界上有140多个国家的法律中有涉及老年人合法权益的条款，美国、巴西、墨西哥等国家则有专门的老年人法。实践证明，通过立法制定完善的老龄法律体系是成功应对人口老龄化和解决老年人问题的必然选择。

三、保持经济持续增长

保持经济持续增长是应对人口老龄化的根本保障。针对人口老龄化削弱经济增长潜力的问题，需要最大限度地激发经济活力，实现老龄社会条件下的经济长期繁荣。增强宏观经济和微观经济的动力机制，使经济发展迈入依靠科技创新驱动经济增长之路。实施资本经济与实体经济协调发展战略，高度重视金融型养老资产的规模与变化，特别是老龄化高峰期养老金支出对金融体系和经济系统的影响，防范系统性风险。

四、提高劳动生产率

许多发达国家加强教育、培训和研发投入，提高劳动生产率。所有的发达国家都高度重视教育，特别是职业教育和终身教育，希望通过加强教育提升人力资本。另外，劳动生产率提高的动力不仅包括增加和改善人力资本投资，还包括研发领域高端人才的培养和大量资金的注入。因此，在人口老龄化过程中，很多国家也非常重视研发费用的投入。例如，瑞典和芬兰在欧盟的研发投入最高，占GDP的3.5%左右，而紧随其后的德国研发投入占GDP的2.5%。

五、适当提高退休年龄

发达国家普遍改革退休制度，适当提高退休年龄，提出"寿命更长，工作更长"（Living Longer, Working Longer）的战略思想。在具体实践中，发达国家采取循序渐进的方法逐步延迟退休年龄。如美国计划在2002—2027年的25年间，对不同出生队列的人采用不同的调整方式，把退休年龄逐步由65岁延长到67岁；英国计划先将女性退休年龄在2010—2020年逐步延长到65岁，与男性相同，然后在2024—2046年逐步共同提升到68岁；意大利计划在2018年将女性退休年龄升至与男性一样为65岁，然后继续同步升高至2050年的68岁；德国计划在2012—2029年把退休年龄从65岁升至67岁；法国计划在2018年把现行的60岁退休年龄延迟到62岁；日本计划男性将在2013—2025年，女性将在2018—2030年，退休年龄从60岁逐步延长到65岁；韩国到2033年退休年龄将提高到65岁。推迟法定退休年龄是世界潮流，尽管各国设计的路径不同，但殊途同归，目标一致。一方面，延长个体生命周期中的劳动工作年限，提升了生命价值的社会贡献度，增加人生中创造财富的时间，也在宏观上增加了劳动力资源的供给；另一方面，缩短个体生命周期中领取养老金的时间和退休后的闲暇时间，缓解并适度抵消人口老龄化对经济社会发展的压力。

六、鼓励生育吸收移民

早在20世纪70年代，西方发达国家已在想方设法提升他们的生育率水平，以求从根本上改善人口年龄结构，增加劳动力资源，防止人口过度老龄化。普遍实行的政策包括直接鼓励生育、对生育子女提供各类服务、减轻家庭养育孩子的经济负担、提供完整的育儿假制度、强化传统家庭功能等政策。法国、俄罗斯、德国、日本等许多国家在此方面都采取了强有力的措施。发达国家虽然在鼓励家庭生育方面开出了种种优惠清单，但是收效甚微，生育率水平依然持续低迷，人口老龄化程度不断加深。

为了补充劳动力资源，许多国家采取了吸纳国际移民的政策，通过设置较高移民门槛，吸引发展中国家素质型人才。如美国、加拿大、澳大利亚等国，主要接收技术型、技能型、商务型和学生移民。国际移民对发达国家起到了一石数鸟的经济社会效果，补充了劳动力资源，缓解了人口老龄化程度，增加了人力资本存量，增添了人口增长活力，节省了人力资本投入。当然，国际移民也带来了文化、族裔、宗教信仰、收入差距、社会融入等方面的社会矛盾和冲突。

纵观发达国家人口老龄化问题的发生发展以及应对人口老龄化的实践，迄今为止，还没有任何一个国家形成了一整套应对人口老龄化的成功模式，造成这一现象的原因是多方面的。

首先，从客观上看，人口老龄化是长周期现象，带来的问题是一个逐步展现的过程，一些深层次的矛盾还没有完全显现。其次，从主观上看，人类社会对人口老龄化问题的认识也是一个逐步深化的过程。目前的认识仍不够深刻全面，特别是对人口老龄化与经济社会发展之间的规律还没有完全把握。最后，从问题自身看，老龄问题具有原因的多元性、传导路径的错综性、影响的广泛性、表现的复杂性和应对的系统性，这是发达国家还没有找到应对人口老龄化的成功模式的根本原因。

从理论上来说，研究发达国家面临的老龄问题，分析他们应对人口老龄化的经验和教训，对于我国而言，具有重要的借鉴意义和参考价值。但是，从实践上来说，发达国家的经验和做法对中国来说具有很大的局限性。第一，任何国家面临的问题、应对的经验和教训都根植于其独特的国情，有其特殊性和适用的局限性，采取拿来主义，只能是削足适履。第二，相对于中国来说，发达国家大都是小国模型，即使是美国，其人口也不足中国的零头，针对他们的经验，作为大国模型的中国，我们不能盲目照搬。第三，我国和发达国家所处的发展阶段不同，发达国家基本实现了现代化，而我国尚处于社会主义初级阶段，这决定了我们和发达国家在应对人口老龄化上的战略基点不同。第四，我国和发达国家在政治制度、社会结构、资源禀赋和文化传统等方面均存在较大差异。这决定了我国必须在借鉴发达国家经验和教训的基础上，紧密结合我国国情，努力探索出中国特色的成功应对人口老龄化的道路。

第二章 我国人口老龄化概况

我国于1999年正式步入老龄化社会。1999年末，统计数据显示，我国60岁以上人口超过总人口的10%，65岁以上人口达7%，按照国际通行标准，标志着我国进入老龄化社会。当前，我国人口老龄化正处在快速发展阶段，2017年末，我国大陆60岁以上老年人口达2.41万人，占比达17.3%，其中65岁以上人口15831万人，占比达11.4%。截至2019年底，60岁及以上老年人口已达到2.54亿，占总人口的18.1%。国家应对人口老龄化战略研究预测数据显示，我国人口老龄化程度将持续加深，至本世纪中叶将达到顶峰35%左右。随后至本世纪末，我国老年人口将维持在总人口的1/3左右。人口老龄化将成为21世纪贯穿我国的重要国情，积极应对人口老龄化将是我国的一项长期战略任务。

第一节 我国人口老龄化的基本情况

一、我国人口老龄化的发展阶段

据国家应对人口老龄化战略研究预测，21世纪我国人口老龄化将历经四个重要发展阶段。

（一）快速人口老龄化阶段（1999—2022年）

老年人口数量从1.31亿增至2.68亿，人口老龄化水平从10.3%升至18.5%。其中，2009—2018年我国老年人口进入第一次增长高峰，年均净增840万人，年均增长率达4.07%，2019—2022年人口老龄化速度有所放缓。此阶段的典型特征是少儿人口数量和比重不断减少、劳动力资源供给充分、社会总抚养比①相对较低，有利于我国做好应对人口老龄化的各项战略准备。

（二）急速人口老龄化阶段（2022—2036年）

老年人口数量将从2.68亿增至4.23亿，人口老龄化水平将从18.5%升至29.1%。此阶段我国总人口规模达到峰值并转入负增长，老年人口进入增速最快时期并将迎来第二个增长高峰，年均净增1106万人，年均增长率为3.26%，老年抚养比快速提升。

（三）深度人口老龄化阶段（2036—2053年）

老年人口数量从4.23亿增至4.87亿的峰值，人口老龄化水平从29.1%升至34.8%。其中，2046—2050年，老年人口将迎来第三次增长高峰，年均净增666万人，年均增长率为1.42%。此阶段总人口持续负增长，高龄化趋势显著，社会总抚养比达到最大值。

（四）重度人口老龄化平台阶段（2053—2100年）

此阶段，少儿人口、劳动年龄人口和老年人口规模共同减少，各自比例相对稳定，老龄化高位运行，老年人口将从4.87亿减少到3.83亿，人口老龄化水平始终稳定在1/3上下，社会抚养比稳定在90%以上，形成一个稳态的重度人口老龄化平台期。

二、我国人口老龄化的成因分析

老年人口在总人口中比例的增加是生育率和死亡率水平降低的结果，生育

---

① 总抚养比，也称总负担系数，指人口总体中非劳动年龄人口数与劳动年龄人口数之比，通常用百分比表示，说明每100名劳动年龄人口要负担多少名非劳动年龄人口。

率的下降造成了低年龄组人口数量的减少,死亡率的下降则导致了人口平均预期寿命延长,从而使老年人口在总人口中的比例不断上升,形成人口老龄化。我国人口老龄化的形成与发展具有特殊性,主要表现在以下方面。

(一)人口生育率快速降低

从20世纪70年代初到20世纪90年代初,在经济社会快速发展和计划生育政策的共同作用下,我国总和生育率迅速从5.8下降至更替水平[①](2.1)以下,仅用30到40年的时间就完成了发达国家用一个世纪乃至更长时间才完成的人口再生产类型转变,在缓解了人口过快增长压力的同时也加速了人口老龄化进程。

(二)人口平均预期寿命延长

随着我国经济社会快速发展,人民生活水平逐步提高,医疗卫生事业不断进步,我国人口平均预期寿命已从新中国成立初期的35岁提高到2016年的76.4岁[②]。在60多年的时间里,我国人口平均预期寿命提高了超过40岁,提高速度远远超过发达国家和世界平均水平,这无疑加速了我国人口老龄化进程。

(三)生育高峰连续推动

人口惯性是人口自身发展的规律,现有人口年龄结构是影响未来人口老龄化发展的重要因素。新中国成立后,我国先后在1949—1958年、1962—1976年、1986—1990年,出现过三次生育高峰,这会在21世纪上半叶演化为三次老年人口增长高峰。

---

① 生育更替水平(replacement level):同一批妇女生育子女的数量恰好能替代她们本身以及她们的伴侣,当净人口再生产率为1.00时,恰好等于更替水平。总和生育率也可用于说明生育更替水平,它表明能够替代父母双方所需的平均子女数。发达国家普遍认为,总和生育率为2.1即达到了生育更替水平。
② 2018年6月6日,世界卫生组织(WHO)发布《2018世界卫生统计报告》(World Health Statistics 2018)。

除以上直接因素外，一些间接因素也推动了我国人口老龄化的发展。例如，城镇化快速发展，通过提升人口平均预期寿命和降低生育率水平间接推动人口老龄化进程；出生人口性别比持续偏高，通过减少育龄妇女基数降低生育率水平从而加速人口老龄化进程。

三、我国人口老龄化的基本特征

（一）绝对规模大

我国老年人口规模十分巨大。2013年，我国60岁以上老年人口已突破2亿。根据预测，2025年将突破3亿，2033年会突破4亿，2053年将达到峰值4.87亿，本世纪后半叶将一直稳定在3.8到4.0亿。2070年之前，我国将一直是世界上老年人口规模最大的国家。

（二）发展速度快

我国是世界上人口老龄化速度最快的国家之一。从1999年进入老龄化社会至2054年人口老龄化率达到峰值，老年人占比从约10%提升至近35%，我国仅仅用了55年时间，就走过了英国、法国等西方国家百余年的人口老龄化进程，发展速度可见一斑。

（三）高龄化显著

我国高龄老年人口的规模及发展速度在世界人口老龄化发展进程中是少有的。2010年我国80岁以上高龄老年人口规模为1904万，2021年将达到3000万，2033年将超过5000万，2049年达到1亿，2073年将达到峰值1.34亿。本世纪90年代以前，我国始终是世界上高龄老年人口规模最大的国家。从高龄比（高龄老年人口在老年人口总量中的比重）来看，2010年为11.4%，2050年将达到22.3%，2100年将达到33.6%，届时老年人口中的1/3都是高龄老人。

（四）发展不均衡

我国人口老龄化呈现城乡倒置、区域发展不均衡等特点。由于农村人口生育率水平相对较高、人均预期寿命相对较低，农村人口老龄化速度和程度一般会低于城镇，而我国则呈城乡倒置特点，主要原因在于快速城镇化导致大规模农村劳动年龄人口流向城市。预测结果表明，21世纪我国农村人口老龄化程度始终高于城镇，2033年左右将达到最大差值13.4个百分点。我国各省（区、市）的人口都将快速老龄化，但是进度参差不齐。按照65岁以上老年人口占比计算，2000年全国共有14个省（区、市）先行进入老龄化社会，最早和最迟进入人口老龄化的上海和西藏先后相差40余年。

（五）波动幅度大

中华人民共和国成立初期50年间的三次人口生育高峰将带来本世纪上半叶的三次老年人口增长高峰，这将导致这一时期老年人口增长数量和比例呈剧烈波动态势，波动幅度超过50%。这种大起大落的人口发展态势，将对经济社会协调发展形成剧烈的振荡效应。

（六）家庭变迁加剧

人口老龄化在家庭层面表现为家庭小型化、少子化、老年人家庭户比重提升，随之而来的独生子女家庭、无子女家庭、无配偶老年人、丧偶老年人的增加大大提高了依靠家庭养老的风险。全国人口普查资料以及国家应对人口老龄化战略研究显示，1982年，我国平均家庭规模4.41人，2010年减至3.10人，2050年将进一步缩小至2.51人；2010年，我国有无子女家庭840万户、无配偶老年人5162万人、丧偶老年人4786万人，到本世纪中叶，这些数据将分别增加至4000万户、1.57亿人、1.50亿人左右。

第二节 我国人口老龄化的深刻影响

联合国有关报告指出，人口老龄化是人类历史上前所未有的一场"无声的革命"，足以影响或改变未来。研究与实践表明，人口老龄化对经济、社会、政治、文化等方方面面都将产生重大而深远的影响，既是各领域转型升级发展的良好机遇，相应地，也会带来各种挑战和风险。

一、人口老龄化对经济发展的影响

人口老龄化问题首先是一个重大的经济问题，快速发展的人口老龄化，正成为深刻影响我国经济可持续发展的长期性、基础性、约束性因素，同时也会带来推动经济发展的重大机遇。

（一）人口老龄化对经济发展的制约

1. 三大变化

一是劳动力供给格局发生重大变化。自2011年起，我国劳动年龄人口开始逐步减少，2011—2050年将由9.40亿缩减到7.13亿，减少24.2%。同时，劳动年龄人口中位年龄快速上升，老龄化加剧，到2030年，45岁以下劳动年龄人口将减少1/4。二是经济运行成本发生重大变化。预计2015—2050年，全社会用于养老、医疗、照料、福利与设施方面的费用占GDP的比例，将由7.33%增长到26.24%，接近届时欧盟国家平均水平。三是国内消费需求结构发生重大变化。以青壮年为主的消费市场，如房地产、建筑材料、汽车等将逐渐萎缩，而以老年人口为主的消费市场，如医药、服务、旅游等将不断扩张。研究显示，老年消费总额占GDP的比重，将从2011年的约5.1%，持续攀升到2050年的约16.4%。

2. 三大风险

一是经济增长潜力下降的风险。随着人口机会窗口关闭，劳动力低成本优势逐步丧失，资本供给量及其投资收益下降，投资拉动型经济增长方式面临考验，我国长期享有的劳动密集型产业比较优势和国际竞争力受到削弱。研究显示，2011—2050年，如果应对不力，人口老龄化可能使经济年均潜在增长率降低约1.7个百分点。二是实体经济与资本经济失衡的风险。人口老龄化将导致实体经济中用于消费的比例提高，用于储蓄和投资的比例降低，实体经济中产出下降，而资本经济层面的养老性金融资产不断膨胀，实体经济与资本经济结构失衡的风险增加。据测算，2011—2050年，实体经济的国民储蓄率将下降约13.5个百分点。三是金融系统不稳定的风险。研究显示，2030年前后，全国社保基金约占证券市场市值的5%以上，商业养老保险的资产所占份额也比较大。养老性金融资产占整个金融资产比重的提高，将对金融系统带来潜在风险。在老龄化高峰时期，养老保险基金支出和商业养老保险给付额的急剧增加，可能对整个金融市场造成较大冲击。另外，公共财政收入和支出结构也将面临重大变化，需要防范财政赤字风险和债务危机。

（二）人口老龄化带来的经济发展机遇

1. 改善消费结构和扩大服务性消费

投资、消费及出口是促进经济增长的"三驾马车"。其中，消费是生产的最终目的，直接关系到人民的生活水平，因此消费具有特别重要的意义。然而，消费即消耗，如果消费增长主要以大量消耗物质资源为代价，那么这样的经济增长方式终将是不可持续的。因此，以扩大消费拉动经济的增长方式，应以促进非物质性消费的"绿色"消费为基础。人口老龄化增加经济中"消费型"人口，为扩大消费特别是服务型消费提供了机遇。同年轻的劳动力相比，老年人有相对较多的服务需求，由此为扩大服务消费提供了更为有利的机会。

2. 促进产业结构升级和老龄产业发展

人口老龄化对产业发展有多方面的重要影响。一方面，人口老龄化提升劳动力稀缺性，导致劳动要素价格上升，由此形成企业寻求劳动替代，向依靠技术进步、提高资本效率方向转型的内在压力与动力，从而促进产业结构升级。另一方面，以老年人口为服务对象的相应产业几乎涵盖了第一、第二、第三产业，尤其以第三产业需求最旺，如养老服务、老年卫生保健、老年日常生活用品、老年金融、老年保险、老年房地产、老年文化娱乐、老年教育、老年咨询服务等，其中蕴含的产业市场总量不可估量，从而为老龄产业发展提供了重要机遇。

3. 增进资本区域流动性

人口老龄化导致资本劳动力比率提高，资本回报率相应降低，刺激资本向经济增长更快、资本回报率更高的地方转移，促进资本流动。当前国际资本流动主要表现为由人口老龄化程度高的发达国家，流向人口年龄结构相对较年轻的发展中国家。预计人口老龄化引起的资本跨国流动将在未来几十年内逐渐增多，成为人口老龄化时代的一种显著特征。资本区域流动性增强，特别是国际资本流动性增强，将有助于激发经济活力，增加更多的经济发展机遇。

二、人口老龄化对社会发展的影响

快速发展的人口老龄化，与社会结构深刻变动、利益格局深刻调整、思想观念深刻变化等相互交织，将会加剧我国社会转型和发展期间的各种矛盾，同时也会助推我国构建与人口老龄化相适应的新的社会治理体系。

（一）人口老龄化对社会发展的挑战

1. 弱化家庭养老功能

家庭是社会的细胞，家庭建设是社会建设的重要组成部分，依靠家庭养老是我国绝大多数老年人的现实选择。人口老龄化在加重家庭养老负担的同时改变家庭结构和规模，削弱家庭养老功能，加上孝道文化观念的弱化、家庭养老伦理基础动摇等因素，家庭养老风险正逐步增加。一方面，老年人家庭、独居家庭和空巢老年人家庭等高风险家庭快速增加，必然整体放大社会风险。另一方面，家庭小型化、少子化导致家庭代际结构调整，家庭养老人力资源基础日渐式微，传统家庭养老功能弱化，家庭养老负担显著增加，家庭代际矛盾加剧，家庭养老风险将逐步外化为社会风险。

2. 加重社会代际矛盾

代际关系协调和价值互补是保持社会稳定和推动社会发展的重要基础。人口老龄化背景下，老年抚养比的急剧上升和社会抚养结构的变化，将深刻改变公共资源的分配格局，较易诱发代际利益分配的矛盾与冲突。老年人与中青年人在思想观念、行为取向和生活方式等方面的差异，也可能诱发代际价值观和代际文化的冲突，以致削弱社会融合与发展的基础。

3. 增加社会治理难度

老年人的日常生活空间主要在社区，人口老龄化将推动社会治理体系重心向基层转移，同时增加社会治理难度。第一，伴随老年人居住安排日益独居化、空巢化，越来越多的老年人成为长期脱离单位、脱离家庭和子女的自由人群体。第二，由于老年人习惯性地被看作社会照顾对象而被隔离在社会主体之外，主动性和能动性得不到充分发挥，部分老年人思想消极、信仰迷失，有的甚至参加封建迷信活动和邪教活动。第三，伴随人口老龄化和城镇化快速发展，随子女迁移城镇的老年流动人口数量呈增加态势。第四，逐步壮大的老年群体已经转变为重要的社会利益群体，老年人对社会保障、社会服务、公共安全、权益维护、平等参与、文化娱乐等方面的诉求越来越强烈，社会利益诉求格局将发生深刻变化。因此，尊重和满足老年人的利益管理和服务好广大老年人正日益成为我国社会治理的重要任务，同时也是我国社会治理体系的薄弱环节。

（二）人口老龄化对社会发展的促进

1. 推动社会主体结构转型

社会主体是指处于一定社会关系中从事实践活动的人及其群体。社会主体的群体构成包括少儿人口、成年人口、老年人口。在当前老龄社会，社会发展主体结构以年轻人口和成年人口为主，老年人口数量少、比例低并已退出主流生产领域，因此，通常处于边缘群体的位置。伴随人口老龄化，少儿人口和成年人口的数量和比例明显下降，老年人口规模持续扩大，在总人口中比例不断攀升，权利意识、参与意识和能动性不断增强，成为社会发展的重要群体，进而推动社会发展的主体结构从年轻型向老年型转变。

2. 加速家庭结构转型

家庭是社会的基础，家庭结构是家庭功能得以维系和发挥的基本条件。在经济社会发展和人口老龄化的影响下，特别是老年人自身条件的改善和自立自主意识的增强，家庭小型化、少子化，老年人家庭户比重提升，老年人家庭独居化、空巢化，将成为家庭形态变化的重要特征。

3. 加速代际关系结构转型

代际关系和谐是社会和谐的重要体现。代际关系和谐的核心是建立合理的代际间利益分配制度以及平等的家庭代际和社会代际关系。在传统社会，基于财产和经验上的优势以及"孝文化"的维系，老年人处于主导地位，形成以老年人为强势的传统代际关系格局。工业革命以后，随着科学技术的快速发展，年轻人和成年人日益崛起，老年人的优势逐渐丧失，并退出主流生产领域。在新的老年观没有建立的情况下，代际关系呈现出老年人弱势、年轻人和成年人强势的现代格局。随着人口老龄化深入发展，老年人社会地位不断提高，老年人利益诉求日益凸显，与年轻人和成年人的利益矛盾逐渐加剧，客观要求打破传统和现代社会不平等的代际关系格局，建立平等、和谐、互补的新型代际关系，实现代际协调发展。

4. 加速社会治理结构转型

人口老龄化和经济社会发展提升了老年群体的社会地位和社会作用，给社会治理对象格局和社会治理创新带来一系列挑战。一方面，现行社会治理结构是成年型社会的产物，随着人口老龄化的快速发展，老年群体在社会群体中三居其一，由社会治理对象构成中的次群体上升为主群体，客观上要求社会治理从当前的"成年型"向"老年型"进行适应性转变。另一方面，老年群体权利意识的增强和参与能力的提升，使老年群体兼具社会治理客体和社会治理主体双重身份，改变了老年群体仅是社会治理客体的传统社会治理结构，客观上推动了社会治理理念、治理体系重心、治理内容和治理体制机制的创新，对未来我国社会发展和政治体制改革具有重要推动作用。

三、人口老龄化对文化教育的影响

在文化教育领域，人既是发展主体，也是消费主体。人口老龄化带来的人口结构转变直接对文化教育事业的发展理念、消费结构、供给方式等方面产生影响。人口老龄化对文化教育发展带来的最大机遇就是因主体结构变化带来的广阔发展空间。

（一）对文化事业的影响

老年人口增加、老年人文化教育需求的提升、老年人社会参与意识和能动性的增强，推动老年文化成为社会主义文化建设的重要组成部分，但同时也会冲击传统孝道文化，推动公共文化服务体系转变，促进文化产业转型。

1. 冲击传统孝道文化

"养儿防老""子女尽孝"是我国传统观念，但人口老龄化背景下的传统孝道文化正面临严峻挑战。一方面，与人口老龄化伴生的大家庭解体和居住方式的改变在一定程度上削弱了孝文化所依赖的载体；另一方面，快节奏、高压力的现代生活导致代际赡养负担加重、尽孝有心无力、"赡养倒挂"等现象普遍存在。传统孝道文化作为社会伦理道德规范和家庭养老基础的功能正逐渐弱化。

2. 推动公共文化服务体系转变

人口老龄化带来了公共文化服务消费主体构成的变化，对公共文化服务的内容、产品、设施、活动和队伍建设产生全面影响。老年人日益增长的文化需求同供给不平衡不充分之间的矛盾，将成为我国公共文化服务体系建设面临的新矛盾。公共文化服务体系的结构和功能都需要对此做出适应性调整。调整的内容主要包括公共文化服务内容的适应性优化、基层公共文化设施的战略性整合、专兼结合的复合型基层公共文化服务队伍建设、公共文化体育设施服务品质的提升等。

3. 促进文化产业转型

人口老龄化背景下老年人口的文化消费意识和消费购买力，将是影响我国文化产业繁荣发展的重要因素。随着文化市场主要消费人群的青年人数量的减少，如果不能适时提升日益增多的老年人的文化消费意识和消费购买力，则必然会降低全人口的文化消费购买力，不利于文化消费市场的发展。开发高端老年文化用品是未来开发老年用品市场的一个重要增长点，也是大力发展文化产业的重要选择。未来老年人口受教育程度将越来越高，老年用品的设计和老年服务的提供以及老年房地产的供给，需要充分考虑老年人的文化品位。

（二）对教育事业的影响

人口老龄化对教育的影响是全方位的。人口老龄化推动教育改革发展，对教育结构、教育发展重心、教育质量和教育内容产生重大、深层次的影响，就是对教育体制、特别是办学体制产生影响。

1. 对教育结构的影响

随着人口老龄化程度不断加深，现行教育体系将面临结构性调整。从以学历教育和职业教育为主的格局向学历教育、职业教育和老年教育并驾齐驱的格局发展。

2. 对教育重心的影响

除了对新增人口加强素质教育和创新教育之外，教育事业的重心将是职业技术教育、职业继续教育，特别是针对大龄劳动力和从农村转移出来的劳动力的职业培训。

3. 对教育质量的影响

人口老龄化对教育质量的影响，表现在社会对高质量人才的需求与教育不能满足这种需求的矛盾上。这种矛盾，要求提高劳动年龄人口的综合素质，全面提高资源利用效率、全员劳动生产率和劳动者的创新能力，形成新的国家竞争力，从而满足我国老龄社会高人口抚养比的需要。

4. 对教育内容的影响

应对人口老龄化实践，对教育内容提出新的要求。在改革课程体系和改革课程设置的基础上，调整优化教学内容，使人口老龄化基本国情教育和老年期生活知识性教育系统化，使受教育者成为符合国家应对人口老龄化需要的人才。

5. 对教育体制的影响

人口老龄化推动教育办学体制改革创新，改善目前教育资源不足，民办教育发展滞后，学校缺乏办学自主权，管理行政化观象严重等问题。

四、人口老龄化对养老保障的影响

我国在家庭养老保障功能逐步弱化、养老保险制度尚不健全的背景下进入老龄社会。经过多年快速发展，现已初步建立起覆盖全体老年人的社会养老保障体系，随着人口老龄化的快速发展，养老保障需求压力越来越大，日益增长的养老保障需求与供给能力不足的矛盾将长期存在，势必推动和加速养老保障制度的深刻变革。

（一）养老保障需求压力攀升

如果不考虑其他因素，如覆盖面扩大和养老金替代率下降等的冲抵作用，则我国城镇基本养老保险的交费率必须一直保持上升趋势；否则，该制度的财务可持续性将出现问题。但事实上，我国养老保险交费率基本没有上调空间。

（二）补充性养老保险发展滞后

企业年金和职业年金发展迟缓。企业基本养老保险缴费负担过重，降低了企业提供企业年金等补充性养老保险计划的供款能力和积极性，企业年金等补充性养老保险市场迟迟得不到发展。目前，机关事业单位职业年金制度正在试点建立。总体来看，企业年金、职业年金没有发挥其应有的对养老的重要支柱作用。

商业养老保险发展不充分。受个人支付意愿、个人支付能力、税收政策环境等因素的限制，目前以个人年金为代表的商业养老保险的规模还很小，市场组织在提供商业养老保险方面尚未充分发挥作用。此外，社会互助养老保障和养老慈善事业刚刚起步，难以发挥其应有的补充性作用。

（三）养老保险基金收支失衡

支撑一个现收现付制的养老保险体系需要相对年轻的人口结构，但人口年龄结构的转变使我国逐渐丧失这一条件。人口老龄化使得我国老年抚养比不断上升，领取待遇人口不断增加，而缴费人口不断减少。这将对现收现付制的基本养老保险基金的收支平衡产生直接影响，加剧其可持续发展的压力。

（四）家庭养老保障储备不足

目前，我国家庭依然发挥着对老年人经济供养的部分功能。伴随人口老龄化，我国家庭规模趋于小型化和核心化，老年人家庭日益空巢化和独居化，家庭结构的这一变迁导致我国家庭养老功能逐渐弱化。同时，生产生活方式的改变进一步削弱了家庭养老功能。一方面，随着社会竞争加剧，工作和生活节奏加快，一些子女迫于岗位的竞争因素，忙于工作和事业，无暇顾及老人；另一方面，独生子女家庭或少子女家庭普遍存在"代际倾斜"现象，即青年夫妇更重视子女的教育和成长问题，有限的时间、精力和财力都向子女倾斜，产生"重幼轻老现象"。此外，中西部地区人口向东部地区迁移、农村人口向城镇迁移，这种人口流动态势使得中西部地区和农村家庭的养老功能更加弱化。在此背景下，家庭养老保障需求加速外移，给社会保障制度建设带来的压力不断增加。

五、人口老龄化对医疗卫生事业的影响

人口的快速老龄化以及与之相伴随的疾病谱的转变，导致我国医疗卫生服务需求急剧增长，这将会对我国医疗卫生事业造成持续冲击，同时也会推动"健康老龄化"战略的实施，"重治轻防"理念的转变，以及相关医疗保障制度的发展与变革。

（一）健康保障需求大幅度提升

人口老龄化大幅提升了健康保障需求。随着人口老年期的延长，特别是随着高龄期的延长，因疾病、伤残、衰老而失去生活能力的老年人将显著增加。然而，我国医疗卫生服务体系"重医疗，轻预防"的局面尚未得到根本转变，疾病预防资源不足，难以发挥其在减少疾病发生率、减轻疾病经济负担中的基础性作用。此外，老年医疗卫生服务体系仍未建立健全，老年病医院和老年康复、护理、临终关怀机构严重不足。

（二）老年人疾病经济负担增加

未来我国老年人疾病就医费用将快速增加。预测表明，不考虑住院率的变化，2010年我国老年人门诊和住院的就医费用为5565亿元，预计2050年将达到

130987亿元,增加23倍;考虑住院率变化,2010年门诊和住院医药费用为5786亿元,预计2050年将达到155283亿元,增加26倍;60岁以上老年人的疾病经济负担也将显著增加,2011年,我国60岁以上老年人口总的疾病经济负担为8935亿元,预计到2050将达到247638亿元,增加27倍。

(三)医疗卫生服务体系压力加大

面对人口老龄化背景下老年人口医疗卫生服务利用快速增加的现实要求,我国既要依托现有的医疗卫生服务体系,加强或扩展老年人医疗卫生服务的功能,又要针对老年人特殊的、集中的需求,适当建设一些专业性的、独立性的老年医疗保健机构,医疗卫生服务体系结构调整的任务艰巨。

(四)医疗保险基金收不抵支

随着人口老龄化的加速,基本医疗保险制度的缴费人群将缩小,享受保险待遇的人群将相对扩大,以现收现付制为筹资模式的基本医疗保险制度将面临保险基金收不抵支的风险,医疗保险制度面临的财务可持续性压力增大。由于我国地区间经济发展不平衡,经济状况差的地区筹集医疗保险基金的能力较低。统筹层次过低对加快推进基本医疗保险异地就医结算工作造成了挑战。

六、人口老龄化对养老服务的影响

(一)长期照护保障制度存在制度性缺失

当前,我国已经建立了养老保障和医疗保障制度,为防范老年人的贫困和疾病风险提供了基本制度支撑;然而,作为老年人失能风险防范的基本制度安排,长期照护保障制度的发展却极为滞后,从而造成庞大老年群体的潜在服务需求无法转化为现实有效的服务需求。这不仅使日益增长的失能老年人的照护需求无法得到满足,而且也使养老服务体系建设缺乏内生性动力,这是我国养老服务体系建设过程中的瓶颈。

（二）养老服务供给总量不足、结构失衡

现有养老服务机构属于日常供养型的居多，绝大多数不具备医疗护理功能，失能老年人最需要的养护型和医护型养老机构严重不足。养老服务管理体制机制不完善。养老服务发展缺乏顶层设计，缺少统一规划，政府各部门职能交叉，权责不清，缺乏合力。养老服务事业和产业的关系没有理顺，政府责任边界不够清晰，导致一些公益性养老服务机构出现功能错位和保障重点错位等现象。养老服务领域的民间中介组织发育不足，行业组织发展缓慢，行业自律作用得不到充分发挥。民间资本投入养老服务业存在各种壁垒，市场在养老服务发展中的基础作用未能得到充分发挥。此外，养老服务行业监管制度不健全，相关管理法律法规不健全，公办和非营利性养老服务机构的管理体制机制亟须改革完善。

（三）养老服务运作机制尚未真正形成

发达国家的相关经验表明，运转高效的养老服务体系必须建立被保险人（如失能老年人）、保险人（社会保险机构或商业保险公司）和养老服务机构之间的互动机制。要通过立法明确三者之间的关系：一是用保险合同在法律上明确被保险人和保险人的关系；二是用服务合同在法律上明确保险人和服务机构的关系；三是用服务合同在法律上明确被保险人和服务机构的关系。从现实来看，我国养老服务体系建设刚刚起步，长期照护的社会保险制度尚未建立，绝大多数失能老年人未被照护保险覆盖，难以成为养老服务的有效需求方；养老服务机构普遍存在运营困难、难以提供规范化与专业化服务的问题。总体来看，由于保险人、被保险人和养老服务机构三大主体之间的良性互动缺乏依托，健全的养老服务运作机制尚未形成。

（四）养老服务人力资源结构性短缺的矛盾日益突出

许多养老服务机构招收护工难，同时很多护工所做的工作仅限于简单的日

常生活照料，难以满足老年人其他方面的专业性服务需求。长远来看，随着劳动力老龄化的加剧，我国养老服务人力资源将逐步走向短缺。妇女是提供养老服务的主力，由于种种原因，我国女性老龄化快于男性，21世纪中期将形成全国平均2个女性劳动力对应3个老年人的局面。总之，无论是家庭还是社会，都将长期面临养老服务人力资源短缺的矛盾。

第三节　应对人口老龄化的战略环境

人口老龄化是21世纪很多国家都将面临的问题，从全球范围来看，中国人口老龄化具有特殊性，面临的挑战压力较大，但总体而言，机遇大于挑战。

一、人口老龄化带来的主要机遇

（一）提高人力资源质量的机遇

与人口老龄化相对应的是，人口快速增长态势基本得到遏制，人口数量与资源环境之间的紧张关系趋向缓和；平均预期寿命的延长带来了人力资本折旧率的降低，有利于发掘人力资本存量；少子老龄化使妇女从家务活动和子女养育中解脱出来，有利于提高妇女的劳动参与率；低龄健康老年人的大量增加，成为中国社会主义现代化建设中极为丰富和宝贵的人力资源，有利于形成第二次人口红利。

（二）转变经济发展方式的机遇

如何依靠消费拉动经济增长成为我国经济增长方式转变的基本战略导向。人口老龄化导致消费率上升，有利于改变我国投资消费结构不合理的现状，也倒逼我国经济增长方式由主要依靠投资和出口拉动向主要依靠内需拉动转变。农村人口老龄化和人口城镇化导致农业劳动力绝对数量的减少，客观上有利于土地流转和农业适度规模化经营，建立现代农业生产方式，打破此前土地耕作的规模不经济，整体提高农业劳动生产率。

（三）促进产业结构升级的机遇

我国人口老龄化将伴随劳动力绝对数量的减少和劳动力结构老化的加剧，从而导致我国劳动力稀缺性提高，劳动力成本抬升。这促使企业寻求资本和技术对劳动力的替代，客观上有利于我国产业结构由劳动密集型产业为主向技术、资本、信息密集型产业为主转型，促进我国产业结构的合理化、高度化发展。发展老龄产业是促进我国产业结构调整的重要举措。老年人口消费需求快速增加则为我国老龄产业的发展提供了广阔的市场空间，成为推动我国老龄产业快速发展的决定性力量。

（四）推动资本市场改革的机遇

伴随我国多层次、多支柱养老保险体系的健全，养老保险基金将不断发展壮大。其资本运作可以为资本市场带来长期稳定的资金来源，并推动资本市场的改革和发展。未来老年人口数的快速增加，必然伴随老年人口所拥有房屋资产数量的快速增长。这将为促进住房反向抵押市场的发展奠定坚实基础。人口老龄化增加了对商业保险产品的需求，有利于促进商业养老保险、健康保险、护理保险等保险业务和相应机构的发展。此外，人口老龄化导致金融资产结构的变化，将促进储蓄管理机构化、机构投资证券化，有利于证券市场的发展。

（五）全面推进社会建设的机遇

老年群体成为社会主导性群体和利益性群体以后，将按照自身需求影响社会发展，成为推进中国社会建设的重要因素。老年人的生存问题将推进我国养老保障、医疗保障和相关服务体系的完善；老年人对生活环境的安全性、便利性和舒适性的需求，客观上将推进宜居环境建设进程；老年人的权利和安全需求将推进我国法律体系的完善以及政府对社会安全建设的高度重视；尊重老年人的话语权，满足老年人的合理利益诉求，将成为调整社会公共政策、创新社会表达机制、完善社会治理的重要推动力量。

（六）繁荣文化事业发展的机遇

老年人作为文化消费主体，其所形成的文化消费需求将成为文化事业和产业发展的直接推动力。老年人作为文化生产和群众性文化活动的主体，其数量的增加，有利于文化生产供给的增加和群众性文化活动的广泛开展。人口老龄化进程本身以及社会应对人口老龄化的实践，为文化发展开辟了新领域，成为文化发展新视角、新动能和新实践的源泉。此外，人口老龄化也成为我国老年教育、文化、体育事业繁荣发展的直接推动力量。

（七）稳步推进政治建设的机遇

今后几十年的老年人，大多数是社会主义革命和建设时期成长起来的一批人。他们深受社会主义、集体主义教育，对党的领导和社会主义制度具有深厚的感情，是革命、建设和改革开放事业的贡献者、支持者和坚定拥护者。通过加强和创新老年群体社会治理，可以使老年人成为维护社会和谐稳定的积极力量，从而夯实党的执政基础，客观上有利于我国政治建设稳步推进，保持政局稳定。

二、应对人口老龄化的优势因素

（一）独特政治优势

我国是社会主义国家，具有统一意志、集中力量、齐心协力应对重大问题的政治优势和经验。党中央、国务院历来十分重视老年人民生和老龄工作，老龄事业被纳入"五位一体"总体布局和"四个全面"战略布局统筹部署。从1994年至今，我国连续编制实施了5个老龄事业发展五年规划。仅"十三五"期间，国家层面出台的涉老规划就有68部，地方各级人民政府配套规划381部。党的十八大以来，习近平总书记在多种会议、调研、考察、出访等场合对加强老龄工作、积极应对我国人口老龄化作出重要指示，提出许多新理念、新思想、新战略，尤其对新时代老龄工作的宗旨、价值理念、战略方向以及工作原则、思路、重点等作出明确要求，构成新时代中国特色社会主义思想的重要组成部分，为新时代我国老龄事业的发展提供了根本遵循。

（二）经济基础优势

我国经济总量已经位居全球第二位，基本形成了较为完备的国民经济产业体系，为从经济层面应对人口老龄化提供了进行产业结构与经济结构调整的较大空间。在未来十几年内我国保持较高国民储蓄率的基本格局不会有根本性的改变，这为应对人口老龄化赢得了一定的资本积累基础。1999年，我国进入老龄社会时，人均GDP为873.29美元，在世界排第117位，属于比较典型的"未富先老"国家。此后，我国人口老龄化以略快于世界平均速度发展，中国人均GDP则以数倍于世界平均水平的增长率提高。我国"未富先老"的国情正在发生变化。

（三）文化传统优势

我国历史悠久，文化底蕴深厚，具有几千年的优良文化传统。养老、孝老、敬老的孝道文化，崇尚和谐、重视家庭伦理亲情、注重自我修为，这些文化传统因素都为引导和动员个体、家庭和社会等积极应对人口老龄化奠定了良好的思想观念基础。

（四）资源配置优势

随着我国社会主义市场经济体制的建立与不断完善，通过市场机制实现配置资源的效率将不断提高，国家宏观经济调控能力以及进行资源动员与配置的能力将进一步增强，综合国力将不断上升，市场经济国家地位将得到国际社会更多的承认，在世界范围配置资源的能力不断增强。这一切都为我国统筹配置国内外资源、分散人口老龄化风险提供了有利条件。

（五）劳动力总量优势

伴随着人口老龄化，我国劳动年龄人口总量在2012年前后开始下降，但在2020年之前下降的速度并不快。预计到2020年中国15~59岁的人口总量为9.13亿，比峰值时的9.4亿仅减少约2700万人。总体上看，我国劳动力总量在2020年之前仍是充足的，人口老龄化对劳动力供给的影响有限。

（六）区域差异化优势

我国幅员辽阔，城乡和地区间人口老龄化进程和经济发展水平差异显著，这为在国家层面将人口发展机会和经济增长机会相结合创造了有利条件。譬如，可以利用各地老龄化程度的差异，引导人口跨区域合理迁移和流动，采取相应的错位发展策略，延长各地区人口机会窗口的开启时期，最大限度地收获人口红利。

（七）老龄后发优势

我国作为发展中国家，人口老龄化起步晚，应对人口老龄化的制度安排可以充分汲取发达国家在这方面的经验和教训，以减少自身面临的不确定性风险，在发展路径的选择、关键制度的建设方面，充分考虑人口老龄化的影响，避免二次改革的被动局面，同时，互联网、物联网、大数据、人工智能等信息技术的飞速发展也为我国积极开展应对人口老龄化行动带来了一定的后发优势。

三、应对人口老龄化面临的挑战

我国仍处于并将长期处于社会主义初级阶段，这一基本国情决定了我国在应对人口老龄化方面还存在着不容忽视的劣势。

（一）社会共识尚未形成

全社会尚未在人口老龄化问题严峻性、重要性和紧迫性方面达成共识，对人口老龄化问题的理论认识流于表面，甚至存在许多认识偏差。特别是对于人口老龄化给我国宏观经济、社会、政治、文化、生态环境建设所产生的全局性、基础性、长远性、战略性影响尚未引起足够的重视，及时科学综合应对人口老龄化的社会共识尚未形成。

（二）经济发展水平较低

我国的人均GDP水平仍然很低，属于中等收入国家，尚未完全实现工业化，城乡发展、区域发展及产业结构发展不均衡。2018年4月，国际货币基金组织公布的《世界经济展望》显示，在2017年全球人均GDP排名中，中国大陆排名为第71位，人均GDP为8643美元，低于全球平均数10728美元。总体来看，人均GDP水平及经济结构方面，同发达国家相比尚有较大差距，应对人口老龄化的经济实力还不够强。

（三）社会发展基础薄弱

综合反映我国社会发展水平的人类发展指数（HDI）[①]仍然远远落后于发达国家，也落后于许多发展中国家。联合国开发计划署（United Nations Development Programme，UNDP）2017年3月公布的《人类发展报告2016》显示，2015年中国大陆人类发展指数为0.738，在世界排名中位于第90位。收入分配、教育、医疗、住房、税收、社会保障等民生领域的制度改革步履维艰，农村社会保障制度、养老服务体系相对滞后，我国应对人口老龄化的社会发展基础还比较薄弱。

[①] 人类发展指数（HDI）：评估人类发展三大基本维度（即健康长寿的生活、知识以及体面的生活水平）所取得平均成就的综合指数。

（四）自主创新能力较弱

目前，我国的总体教育水平、劳动力素质及核心竞争力同发达国家相比仍有很大差距。教育优先发展的战略地位尚未得到完全落实，实现从人口资源大国向人力资源强国的转变依然任重道远。关键技术自给率低，科学研究质量不够高，科技投入不足，科技创新体制机制还存在不少弊端，自主创新能力还不强。这些因素都使我国依靠科学技术进步应对人口老龄化还面临诸多困难。

（五）国际竞争环境严峻

在当前国际竞争格局中，我国既受到发达国家的压制，又受到一些发展中国家的追赶，应对人口老龄化的国际环境不容乐观。一方面，在经济全球化大格局中，不论在实体经济方面还是资本经济方面，与发达国家相比，我国均处于国际分工的中低端位置。发达国家常以绿色壁垒、技术壁垒以及汇率等多种方式实行新的贸易保护主义，不利于中国崛起。另一方面，我国原有的比较优势正不断丧失，一些发展中国家正凭借人口年龄结构较年轻、劳动力资源丰富的优势争夺资源，形成与我国直接竞争的态势。

第三章 我国应对人口老龄化的发展实践

党中央、国务院历来高度重视老龄工作。尤其是党的十八大以来，我国积极开展应对人口老龄化行动，着力保障和改善老年群体民生，切实提升老年人的获得感和幸福感，老龄事业发展取得了显著的成就、积累了丰富的经验。

第一节 应对人口老龄化主要成就

一、党中央、国务院高度重视老龄事业发展

老龄事业在党和国家事业发展全局中的地位更加凸显。党的十八大和党的十八届三中、四中、五中全会，党的十九大以及党的十九届三中全会都对应对人口老龄化、大力发展老龄事业和产业、加快建设社会养老保障和服务体系等提出明确要求。

2015年10月，习近平总书记、李克强总理对加强老龄工作作出重要指示批示。2016年5月27日，中共中央政治局就我国人口老龄化形势与对策举行第三十二次集体学习，这在我们党的历史上尚属首次。习近平总书记主持中央深改组会议审议全面放开养老服务市场、老年人照顾服务等政策文件，主持中央财经领导小组会议将提高养老院服务质量列入专题研究。李克强总理在每年政府工作报告和相关专题会议中对老龄事业重点领域改革发展进行强调和部署。

国民经济和社会发展"十三五"规划纲要设专章对"积极应对人口老龄化"进行部署。全国人大组织开展了老年人权益保障法执法检查，听取和审议了国务院关于研究处理老年人权益保障法执法检查报告。全国政协将老龄问题

纳入双周协商座谈会主题，并多次组织政协委员就老龄事业发展的热点难点问题进行调研。近五年来，全国人大、政协涉老建议和提案数量逐年递增。

二、我国老龄事业顶层设计更加科学

（一）老龄法律法规体系基本建成

以《中华人民共和国老年人权益保障法》（现行版本是2018年修正版）为主体的老龄法律法规体系基本建成。全国已有21个省份完成了配套法规的修订，9个省份制定了养老服务条例。《中华人民共和国民法总则》对包括老年人在内的成年人监护作出规定。民政、人社、卫健委等国务院有关部门加快了老龄领域部门规章的制定。

（二）老龄事业发展规划持续实施

我国已经持续编制和实施了5个老龄事业发展规划，规划包括《中国老龄工作七年发展纲要（1994—2000年）》《中国老龄事业发展"十五"计划纲要（2001—2005年）》《中国老龄事业发展"十一五"规划》《中国老龄事业发展"十二五"规划》《"十三五"国家老龄事业发展和养老体系建设规划》。

国务院印发的"十三五"国家重点专项规划、国务院办公厅印发的多部专项规划和国家有关部门印发的各自领域"十三五"规划均将有关老龄工作的内容纳入其中。有关部门分别制定了《老年教育发展规划（2016—2020年）》《"十三五"健康老龄化规划》等专项规划和《智慧健康养老产业发展行动计划（2017—2020年）》等。国家层面出台的专项规划对老龄事业发展作出专门部署的有22部，"十三五"时期老龄事业发展的蓝图已经绘就。

（三）老龄政策体系不断健全完善

党中央、国务院统筹完善生育、就业、退休、养老等政策，做出全面实施一对夫妇可生育两个孩子政策、加快发展企业年金和职业年金、研究渐进式延迟退休方案等重大决策。国务院及其有关部门就整合城乡居民基本养老和医疗保险制度、发展商业养老保险、做好低保制度和扶贫开发政策衔接，以及加快发展养老服务业、促进健康服务业发展、加快发展康复辅具产业、加强老年宜居环境建设、开展长期护理保险制度政策性试点等密集出台政策。党中央、国务院及有关部委出台290多个涉老规范性文件。

总之，以宪法为核心，以老年人权益保障法为主体，包括有关法律、行政法规、地方性法规、规章和有关政策在内的老龄法律法规政策体系基本形成并逐步完善，为发展老龄事业、维护老年人权益提供了制度保障。

三、老年社会保障体系日臻完善

（一）养老保障体系更加健全

研究形成了完善基本养老保险制度总体方案，全民参保计划加快实施。

截至2018年5月底，基本养老保险参保人数达到约9.22亿人，比上年末增加650万人；截至2017年末，全国参加城镇职工基本养老保险人数为40293万人，比上年末增加2364万人。其中，参保职工29268万人，参保离退休人员11026万人，分别比上年末增加1441万人和922万人。企业退休人员基本养老金连年递增，月人均养老金从2012年的1686元提高到2016年的2362元，年均增长8.8%。

整合新型农村社会养老保险和城镇居民社会养老保险制度，建立了统一的城乡居民基本养老保险制度。截至2016年底，约5.1亿人参加城乡居民基本养老保险，实际领取待遇的有1.5亿人。城乡居民基本养老保险基础养老金最低标准从每人每月55元提高至70元，人均养老金约120元。

机关事业单位养老保险改革正式实施，实现了与城镇职工基本养老保险制度并轨。2016年首次同步调整企业和机关事业单位退休人员养老金，1亿多退休人员受益。

机关事业单位职业年金制度建立，企业年金制度逐步推广，个人税收递延型商业养老保险试点相继启动。

（二）医疗保障水平显著提升

老年人成为全民医保的主要受益群体。截至2018年5月底，基本医疗保险参保人数达到约11.9亿，比上年末增加1807万人。城乡居民基本医疗保险制度整合取得积极进展。医保支付方式改革继续深化，有效促进了医疗机构主动规范医疗服务行为，控制了医疗费用上涨，老年人的医疗费用负担明显减轻。符合规定的省内异地就医住院费用可直接结算，异地安置退休人员就医住院费用直接结算即将实现。疾病应急救助制度建立，家庭医生签约服务制度逐步推广。城乡居民大病保险制度实现全覆盖，重特大疾病医疗救助制度全面建立。医保参保人员待遇大幅提升。

截至2015年底，城镇职工医疗保险和城镇居民医疗保险政策范围内住院医疗费用待遇水平平均达到80%以上和70%左右。新农合政策范围内报销比例达到75%左右。2017年全国大病患者实际报销比例在基本医保基础上平均提升了13.99%。

主要针对老年人与医疗相关的保险制度建设取得积极进展。长期护理保险制度在15个城市试点。截至2017年底，参保人数超过4400万人，当年受益7.5万余人，基金支付比例达到70%以上，人均支付7600多元，制度保障功效初步显现。商业健康保险产品日益丰富，参加人数不断增多。已有100多家保险公司开展商业健康保险业务，截至2016年7月20日，我国保险公司在售健康保险产品共计3995款，涵盖疾病险、医疗险、护理险和失能收入损失险四大类，其中医疗保险产品数量最多，占比53%。老年人意外伤害保险工作在全国范围内普遍开展。逐步建立起政府支持、社会捐助、个人自费投保相结合的老年人意外伤害保险制度。

（三）社会救助城乡统一覆盖

符合条件的贫困老年人全部纳入了低保救助。截至2017年底，全国有城市低保对象1261万人,农村低保对象4045.2万人,全国共有城乡低保对象5306.2万人。农村有1597万老年人享受低保,超过农村低保总人数的40.5%。全国平均城市低保标准达到每月540.6元/人,较上年同期增长9.3%,农村低保平均标准达到每年4300.7元/人,较上年同期增长14.9%。建立了城乡统一的特困人员救助供养制度,将农村"五保"老人和城市"三无"老人全部纳入供养范围。截至2016年底,全国农村共有423万老年人享受特困人员救助供养。

(四)社会福利水平稳步提高

1. 老年福利制度

截至2017年底,全国所有省份均建立了80周岁以上高龄老年人津贴制度,享受高龄补贴的老年人达2682.2万人。30个省份建立了生活困难老年人养老服务补贴制度,享受服务补贴的老年人354.4万人。29个省份建立了失能老年人护理补贴,享受护理补贴的老年人61.3万人。农村部分计划生育家庭奖励扶助制度、计划生育特殊家庭老年人扶助关怀制度逐步完善。

2. 老年人社会优待政策

2017年6月6日,国务院办公厅印发的《关于制定和实施老年人照顾服务项目的意见》(国办发〔2017〕52号)以满足老年人迫切需求为导向,以增进老年福祉为目标,明确了20项老年人照顾服务重点任务,涵盖了老年人医、食、住、行、娱等各方面。

全国31个省份都出台了优待老年人政策,多地政策实现"同城同待遇"。全国所有省会城市、计划单列市和部分地市、县市均实行了对65岁以上老年人减免公共交通票价政策。第四次全国城乡老年人生活状况抽样调查结果显示,2015年,65.8%的老年人享受过多种优待,其中20.8%的老年人享受过公共交通票价减免,13.4%的老年人享受过公园门票减免,10.1%的老年人享受过旅游景点门票减免,9.1%的老年人享受过普通门诊挂号费减免。

四、多层次养老服务体系初步形成

（一）养老服务供给能力显著提升

各地各部门认真落实《国务院关于加快发展养老服务业的若干意见》（国发〔2013〕35号），持续推进养老服务体系建设工程、健康与养老服务重大工程、以市场化方式发展养老服务试点、计划生育家庭养老照护试点等。自2016年开始，中央财政连续3年支持开展居家和社区养老服务改革试点工作在全国90个地级市试点地区启动。中央财政累计安排预算内资金157亿元用于支持养老服务体系建设。老年养护院、社区日间照料中心和农村幸福院建设得到重点扶持。截至2017年底，全国共有各类养老服务机构和设施15.5万个。其中，注册登记的养老服务机构2.9万个，社区养老机构和设施4.3万个，社区互助型养老设施8.3万个；各类养老床位合计744.8万张，比上年增长2%（每千名老年人拥有养老床位30.9张），其中社区留宿和日间照料床位338.5万张。

（二）支持民间资本力度不断加大

为了尽快破除养老服务业发展瓶颈，激发市场活力和民间资本潜力，充分发挥市场在资源配置中的决定性作用和更好地发挥政府作用，逐步使社会力量成为发展养老服务业的主体，近几年，我国陆续发布系列鼓励民间资本参与机构养老服务的相关政策。一些主要政策包括：《民政部关于鼓励和引导民间资本进入养老服务领域的实施意见》（民发〔2012〕129号）、《民政部关于鼓励民间资本参与养老服务业发展的实施意见》（民发〔2015〕33号）、《商务部、民政部关于香港、澳门服务提供者在内地举办营利性养老机构和残疾人机构服务有关事项的通知》（商资函〔2013〕67号）、《商务部、民政部关于鼓励外国投资者在华设立营利性养老机构从事养老服务的公告》（2014年第81号）、《国务院办公厅关于全面放开养老服务市场提升养老服务质量的若干意见》（国办发〔2016〕91号）、民政部等13部门《关于加快推进养老服务业放管服改革的通知》（民发〔2017〕25号）等。

各地各有关部门着力推动国务院关于全面放开养老服务市场政策落地。公办养老机构的托底保障功能得到强化，重点转向为经济困难的孤寡、失智、失能、失独、高龄等老年人提供照料服务。以公建民营为重点的公办养老机构改革持续推进。加强了对民间资本设立养老机构的政策引导和服务指导，优化了养老机构许可流程，缩短了审批时限。对民间资本进入养老服务业的金融支持力度不断加大。截至2017年底共核准发行养老产业专项债券27支，核准规模282.7亿元。政府和社会资本合作（PPP）模式在养老服务领域加快推广，PPP项目总量和投资额明显增多。国家发展改革委公布的首批1043个PPP项目中，涉及养老、健康养生类的项目共有46个，总投资近300亿元。民政部本级彩票公益金和地方各级政府用于社会福利事业的彩票公益金，坚持每年将50%以上的资金用于支持发展养老服务业，并随老年人口的增加逐步提高投入比例。其中，要求支持社会力量发展养老服务的资金不得低于30%。全国民办养老机构发展迅速，达到养老机构总数的40%，许多省份已经超过50%。

（三）养老服务质量监管切实加强

行业标准和市场规范是推进养老服务工作的重要基石，是更好地提供为老服务、加强行业管理的准则和依据。2014年1月26日，民政部等5个部门联合印发《关于加强养老服务标准化工作的指导意见》（民发〔2014〕17号）。

民政部制定了养老机构服务合同示范文本、社区老年人日间照料中心设施配置和服务标准以及老年社会工作服务指南。《养老机构服务质量基本规范》国家标准于2017年12月29日发布并实施。这是我国养老机构服务质量管理首个国家标准，标志着全国养老机构服务质量进入标准化管理的新时代。

养老机构消防安全专项治理行动持续开展。2017年3月22日，民政部、公安部、国家卫计委、质检总局、国家标准委、全国老龄办六部门决定在全国开展养老院服务质量建设专项行动。重点行动内容包括9大项：开展全国养老院服务质量大检查、大整治活动，加快养老院服务质量标准化和认证建设，开展医疗卫生服务，加强养老院安全管理，提高养老院管理服务人员素质能力，建立全国养老院业务管理系统，开展养老院服务质量万里行活动，开展"敬老文明号"创建活动，加强养老院服务质量监督。

（四）智慧健康养老取得显著进展

广泛开展"互联网+养老"行动，推广社区养老综合信息平台建设。出台了《智慧健康养老产业发展行动计划（2017—2020）》，制定了智慧健康养老技术标准。2017年11月，工信部、民政部与国家卫计委共同公布2017年智慧健康养老应用试点示范名单，共有53家企业、82个街道及19个示范基地入选。无锡等物联网基地积极开展物联网等信息技术在健康养老产业中的应用。康复和护理机器人研发取得重要进展。老年人智慧穿戴设备不断推广。

（五）养老人才培养体系逐步完善

2014年6月10日，为解决现阶段我国养老服务业人才培养存在规模小、层次单一、质量参差不齐等问题，加快推进养老服务业人才培养，教育部等九部门联合出台了《关于加快推进养老服务业人才培养的意见》（教职成〔2014〕5号），具体任务措施包括：加快推进养老服务相关专业教育体系建设，全面提高养老服务相关专业教育教学质量，大力加强养老服务从业人员继续教育，积极引导学生从事养老服务业。截至2017年底，全国已有160所高等职业学校开设老年服务与管理专业，招生1万多人；有134余所技工院校开设养老服务专业，在校生3万多人。各地普遍资助养老护理人员和养老机构管理人员参加技能培训，持证上岗的比例明显提升。

五、老年人卫生健康服务加快发展

（一）老年人健康促进工作广泛开展

依托全民健康生活方式行动、中国健康知识传播激励计划、健康素养促进行动项目等，通过全国爱牙日、全国高血压日、联合国糖尿病日、世界卫生日等专题宣传活动,持续向老年人传播健康养生知识,推动了老年群体健康生活方式的养成和健康意识的提升。实施国家基本公共卫生服务项目,为65周岁及以上老年人每年进行1次免费体检、健康评估和指导。2015年接受免费体检老年人数达1.18亿人,健康管理率达到86%。老年人心血管病高危筛查干预、慢性病综合干预及抑郁症、阿尔茨海默症等的防控工作力度加大。全国建有265个国家级、460余个省级慢性病综合防控示范区,80.9%的县(区)启动了全民健康生活方式行动,有力推动了当地老年人慢性病防控和健康促进工作。建立了6个老年疾病国家临床医学研究中心,北京医院设置了国家老年医学中心,推进老年健康、老年病防控和诊治等技术攻关。

(二)老年医疗卫生服务体系逐步健全

医疗卫生服务机构积极为老年人提供便捷、优先、优惠的医疗卫生和保健服务。家庭医生签约服务制度将老年人作为重点对象。老年病科等相关专科纳入国家临床重点专科建设项目。专业康复护理机构不断增加。截至2015年,全国共建有康复医院453所,护理院168所,护理站65所,比"十一五"期末分别增加了69.0%、242.9%、16.1%;全国护理院和康复医院的床位数分别增长296.49%、97.03%;设立老年病专科的三级医院数增长了16.26%,有效提高了老年人医疗卫生服务的可及性。

(三)医养结合试点工作分批稳步推进

2016年,我国分两批增选了90个国家级医养结合试点单位。养老机构医疗卫生服务能力不断增强,78.6%的养老机构通过内设医疗机构以及与医疗机构签约合作等方式提供医疗护理服务,全国护理型床位占床位总数的46%。

截至2017年4月,全国开设老年病科的二级以上医院有3179家,占二级以上医院的40%左右;医养结合机构共有5570家,其中纳入医保定点的医养结合机构有2117家,占比为38.01%;医养结合机构床位总数为115.21万张,其中医疗床位25.63万张,养老床位89.58万张;开设老年人绿色通道的医疗机构有73825家,占比为7.68%;全国出台省级医养结合实施意见的有29个省(区、市);

有21个省设立了省级试点单位,有17个省建立了跨部门协调工作机制;90个国家级医养结合试点市中出台贯彻意见的有78个。

六、老年人精神文化生活日益丰富

(一)老年文化

2017年3月正式实施的《中华人民共和国公共文化服务保障法》明确规定,各级人民政府应根据老年人等群体的特点和需求,提供相应的公共文化服务。各级各类公共文化设施基本实现了免费向老年人开放,普遍设置了便于老年人参与的公共文化服务项目和标准。截至2017年底,全国各类老年活动室发展到35万个。面向老年人的公共文化产品大幅增加。文化部门组织开展了"中国老年人合唱节""老年文化艺术节"等示范性老年文化活动。通过举办"群星奖"引导文艺工作者创作了一大批反映老年人生活、由老年人表演的优秀老年题材文艺作品。依托公共数字文化惠民工程,生产出一大批适合老年人的数字文化产品,总量超过1600TB。向全国老年人推荐优秀出版物活动持续开展,在满足老年人阅读需求方面发挥了积极作用。

(二)老年教育

在老年教育方面,国务院颁布了首个老年教育发展专项规划《老年教育发展规划(2016—2020年)》。规划明确到2020年以各种形式经常性参与教育活动的老年人占老年人口总数的比例达到20%以上的目标,同时对扩大老年教育资源供给、拓展发展路径、加强支持服务、创新发展机制作出部署。高校第三年龄大学联盟、老年开放大学相继成立,各级各类院校发展老年教育的态势形成,文化部启动了全国文化系统老年大学规范化建设试点。截至2017年底,老年学校4.9万个、在校学习人员704.0万人,此外还有数百万老年人通过远程教育、社区教育等各种形式参与终身学习,初步形成了多部门推动、多形式办学的老年教育发展格局,为满足老年人终身学习和服务社会的需求做出了积极贡献。

（三）老年体育

国务院印发的《全民健身计划（2016—2020）》对老年体育工作提出明确要求。国家体育总局等12部门印发《关于进一步加强新形势下老年人体育工作的意见》（体群字〔2015〕155号），推动老年体育社会化、科学化、生活化。国家加强适合老年人的体育健身场所和设施建设，彩票公益金支持各地建设社区多功能体育场地，资助购买老年人专用的健身器材，太极拳、广场舞、健步走、门球等专项老年体育健身活动广泛开展，全国老年人体育健身大会连续举办，老年人科学健身指导不断加强，各级老年人体育协会等老年人体育组织网络日益健全。

（四）社会参与

截至2015年底，城乡基层老年协会已经发展到55.4万个，覆盖率达到81.9%，成为老年人社会参与的重要平台。"银龄行动"持续、深入开展；寻找"最美老人"活动、全国离退休干部为党的事业增添正能量活动等广泛开展，充分发挥了示范榜样作用，吸引更多的老年人追求老有所为。第四次中国城乡老年人生活状况抽样调查结果显示：2015年，45.6%的老年人经常参加各种公益活动。

七、老年人宜居环境建设稳步推进

（一）老年人居住生活环境逐步改善

全国老龄办、住房城乡建设部等25个部门联合印发了《关于推进老年宜居环境建设的指导意见》（全国老龄办发〔2016〕73号）。涉老设施规划建设标准体系不断完善，老年人家庭无障碍设施改造得到扶持，老年友好城市、老年宜居社区建设在一些城市（区）试点。全国650多个城市和1600多个县城参与"创建全国无障碍建设市县"活动。截至2015年，全国评选出50个无障碍建设示范县市、143个无障碍建设达标市县。各地将符合条件的农村老年人住房救助对象优先纳入当地农村危房改造计划，符合城镇住房救助条件的老年人优先配租公共租赁住房或发放低收入住房困难家庭租赁补助，切实保障了困难老年人的基本住房安全需求。

（二）尊老敬老的社会氛围更加浓厚

2018年1月，全国老龄办等14个部门联合印发《关于开展人口老龄化国情教育的通知》（全国老龄办发〔2018〕6号）。一些地方将人口老龄化国情教育纳入干部教育培训内容。各类媒体广泛开展人口老龄化国情教育、尊老敬老宣传报道。尊老敬老教育内容融入中小学相关课程标准，纳入了青年学生行为规范。青少年学生中广泛开展了形式多样的"敬老养老助老"主题教育活动。"敬老月""最美孝心少年""全国敬老爱老助老模范""敬老文明号"等活动持续开展。2016年全国敬老月活动期间，共走访慰问2580万名老年人；发放慰问金和各类物品价值38.62亿元；组织开展各类为老服务1357万人次。

八、老年人合法权益得到有效保障

（一）老年法治宣传深入开展

老年人权益保障相关法律法规的宣传列入"七五普法"[①]重要内容。司法部门依托"法律六进"活动平台，利用重要时间节点，组织开展了面向老年人的法治宣传教育主题活动。公安民警深入城乡社区开展形式多样的治安防范、法律知识宣传，增强老年人的防范意识和能力。大众传媒积极开展老年人法治宣传，加强了老年人消费侵权领域的普法宣传教育。

---

① "七五普法"是2016—2020年第七个五年法治宣传教育的简称。2016年4月17日，中共中央、国务院转发了《中央宣传部、司法部关于在公民中开展法治宣传教育的第七个五年规划（2016—2020年）》并发出通知，通知指出，全民普法和守法是依法治国的长期基础性工作。

（二）老年人维权服务更加便捷

司法部门组织引导广大律师、公证、基层法律服务机构及人员参与涉及老年人合法权益的诉讼、调解、仲裁和法律咨询等法律服务活动。对经济困难但不符合法律援助条件的老年人减免法律服务收费。各地在健全省市（地）县（区）三级法律援助中心和乡镇（街道）法律援助工作站的同时，在各级老龄办以及老年公寓等老年人较为集中的场所建立老年人法律援助工作站或联系点，方便老年人就近寻求法律帮助。截至2017年底，老年法律援助中心发展到两万个，老年维权协调组织达到6.4万个。为进一步加强老年法律维权工作，2016年12月，全国老龄办、最高人民法院、最高人民检察院、公安部、民政部、司法部共同印发《关于进一步加强老年法律维权工作的意见》（全国老龄办发〔2016〕102号）。

各地结合实际，进一步降低老年人法律援助门槛，把民生领域与老年人权益保护密切相关的事项纳入法律援助范围。着力解决医疗、保险、救助、赡养、婚姻、财产继承和监护等老年人最关心、最直接、最现实的法律问题，最大限度满足老年人法律援助服务需求。

（三）对涉老犯罪保持高压态势

将虐待老年人纳入治安处罚范围，狠抓侵害老年人命案侦破工作，严厉打击针对老年人实施的电信网络诈骗和非法集资等经济犯罪，打击整治侵害农村留守老年人的违法犯罪活动，老年人合法权益得到有效保障，2015年有92.6%的老年人认为自己的合法权益得到了保障。

九、老龄工作体制机制不断完善

（一）老龄工作机构

国家老龄工作机构设立至今30多年，先后经历了老龄问题世界大会中国委员会、中国老龄问题全国委员会、中国老龄协会、全国老龄工作委员会4个阶段。截至2017年底,全国共有老龄事业单位1600个,所有的省(区、市)、95%的地(市)、86.8%的县(市、区)都设立了老龄工作委员会及办公室。从中央到地方的老龄工作组织网络进一步健全。

(二)老龄科学研究

1984年8月,全国首届老龄工作会议在北京召开,这是我国第一次召开全国性的会议研究老龄问题。1989年3月,国家编委批准成立国家级多学科老龄问题综合研究机构——中国老龄科学研究中心。自2000年开始,全国老龄工作委员会先后组织开展了4次"中国城乡老年人生活状况抽样调查"。2009年10月25日,国家应对人口老龄化战略研究正式启动,是我国老龄事业发展史上规模最大的一次战略研究。2013年6月27日,由全国老龄办主管、中国老龄科学研究中心主办的《老龄科学研究》(刊号:CN10-1122/D)创刊,系我国老龄科学研究领域第一份国家级学术性刊物。

(三)国际交流合作

老龄领域双边、多边国际交流与合作不断扩大。中国政府积极主动和国际社会、联合国系统加强老龄领域的交流与合作,积极发挥作为人口大国在国际老龄领域的重要影响。与联合国有关组织、欧盟以及法国、瑞典、加拿大等国的政府和非政府组织在社会性别、老年扶贫以及老年教育等领域开展了项目合作。

第二节 应对人口老龄化实践经验与主要问题

一、应对人口老龄化实践经验

我国老龄事业继往开来,在继承中创新发展,形成了具有鲜明中国特色的老龄问题治理经验。中国老龄事业发展经验弥足珍贵,为世界老龄问题治理贡献了中国方案。

（一）践行以人民为中心的发展思想

以人民为中心、增进民生福祉，是我国老龄事业发展的根本目的。发展老龄事业，必须顺应广大老年人过上更加幸福美好生活的新期待，不断在"老有所养、老有所医、老有所为、老有所学、老有所乐"上取得新进步，让每一位老年人都能生活得安心、静心、舒心，都能健康长寿、安享幸福晚年。实践证明，只有把不断增强广大老年人的获得感、幸福感、安全感作为奋斗目标，努力在改善民生上想对策、出实招、见成效，才能找准老龄事业发展的正确方向；只有随时倾听人民呼声，认真回应人民期待，真心为老年人办实事、做好事、解难事，才能找准老龄政策措施的切入点、着力点和落脚点；只有充分尊重广大老年人平等参与社会发展的主体地位，充分调动包括老年人在内的广大人民群众的积极性、主动性、创造性，才能让老龄事业发展的力量源泉充分涌流，使老龄事业在为人民造福的轨道上不断前进。

（二）坚持老龄事业发展的基本方针

加强和完善党对老龄工作的领导是我国老龄事业发展的最大优势和根本保障。只有充分发挥党在老龄事业发展中总揽全局、协调各方的领导核心作用，才能确保老龄事业发展的正确方向，才能凝聚共识、攻坚克难，不断推动老龄工作取得新突破。实践证明，发展老龄事业必须清晰界定政府、市场、社会组织、家庭的责任边界，找准各自定位，发挥各自优势。既要切实履行政府在老龄事业中政策制定、规划引领、资金投入、信息提供、依法监管、环境营造等应尽职责；更要充分发挥市场在资源配置中的决定性作用，调动好、保护好各类市场主体的参与积极性，不断满足老年人对产品和服务的多层次、多样化的需求；也要发挥社会组织的重要补充作用，鼓励引导各类社会组织参与老龄事业和产业发展，为老年人提供更多公益性产品和服务；还要充分发挥好家庭养老的基础作用，弘扬孝亲敬老的文化传统，走家庭养老和社会养老相结合的道路，更好满足老年人的经济供养、生活照料和精神慰藉需求。

（三）坚持突出重点统筹兼顾的方法

受各种条件制约，我国老龄事业与经济社会发展还存在明显的不协调，城乡、区域老龄事业发展也存在不平衡。只有坚持问题导向，认真落实习近平总书记提出的"五个着力"要求，加快补齐政策措施、工作基础、体制机制等明显不足等短板，有效破解制约老龄事业发展的矛盾问题，才能带动老龄事业全局发展。

同时，只有坚持用全局观念、系统思维谋划和推动老龄工作，把老龄事业融入国家经济社会发展全局，将应对人口老龄化与促进经济社会发展相结合，着力推进城乡、区域老龄事业协调发展，促进老龄事业和产业协调发展以及老年人经济保障、服务保障和精神关爱协调发展，才能实现老龄事业全面协调可持续发展。

（四）坚持立足国情放眼全球的原则

立足我国基本国情、借鉴国际有益经验，是中国特色老龄事业发展的必然要求。老龄事业发展必须坚持从我国社会主义初级阶段这一基本国情出发，只有根据经济发展水平和实际财政承受能力，尽力而为、量力而行，不超越阶段，不违背规律，才能实现经济社会可持续发展与改善亿万老年人福祉的双赢。只有立足实际，扬长避短，发挥我国的政治优势、体制优势、文化传统优势、后发优势以及战略回旋空间大等优势，化挑战为机遇，化压力为动力，科学确定目标任务和政策措施，才能努力探索出一条具有中国特色的老龄事业发展道路。

只有放眼全球，准确把握我国在全球人口老龄化进程中的方位，广泛开展老龄领域的国际交流与合作，积极借鉴国际有益经验，才能避免一些国家走过的弯路，全面、快速提升我国老龄事业发展水平，为全球应对人口老龄化贡献中国方案。

（五）坚持发展老龄事业的关键举措

1. 不断推进改革创新

老龄事业改革创新是全面深化改革的重要方面。实践证明，改革创新是发展老龄事业的关键一招。只有勇于改革、大胆探索，不失时机地推进老龄领域的理论、制度、科技、文化、体制机制和工作方式方法创新，才能破除各种制约老龄事业发展的瓶颈，不断开创老龄事业发展新局面。

2. 弘扬优秀传统文化

孝亲敬老是中华民族的传统美德。只有弘扬孝亲敬老的文化传统，建设具有民族特色、时代特征的孝亲敬老文化，才能从根本上强化家庭成员赡养、扶养老年人的责任意识，巩固家庭养老的基础地位，形成敬老爱老的社会风尚。

3. 健全法治保障体系

法治对老龄事业具有全局性、根本性、长远性意义。只有在实践基础上，不断将成熟的经验举措及时上升为老龄事业和产业发展的法律、法规、政策、标准等制度。切实加大老龄政策法规的执行力度，普遍增强全社会维护老年人合法权益的法治意识，才能全面提升老龄事业的法治化、规范化水平。

4. 强化科技支撑力度

科技是老龄事业发展的重要引擎。只有深入推进老龄领域的基础研究、应用研究和开发研究，大力推动物联网、云计算、大数据、移动互联网等技术在老龄领域的广泛应用，才能不断增强决策的科学性和工作指导的预见性。切实提高为老服务和老年用品的科技含量，才能制定精准化政策、提供精准化服务、实施精细化管理，全面提升老龄事业发展的水平、效率和效能。

二、应对人口老龄化主要问题

近年来，全社会积极开展应对人口老龄化行动，弘扬孝亲敬老传统美德，树立积极老龄观，倡导代际和谐社会文化，营造养老助老良好社会氛围，老年群体的获得感不断提升。但是与人口老龄化快速发展的新形势、党中央、国务院的新要求和广大人民群众的新期待相比，我国老龄事业和产业发展还存在一些发展不平衡不充分的问题，应对人口老龄化任重而道远。

（一）人口老龄化国情意识待增强

全社会虽然对于人口老龄化的严峻形势有所了解，但对人口老龄化发展的认识不够全面深刻，特别是对人口老龄化带来的经济、政治、文化、社会影响缺乏正确看待和深入分析，全社会应对人口老龄化的主动性、针对性、自觉性还有待进一步加强。面向党政干部、青少年和老年人的人口老龄化国情教育不足，关爱老年人的意识和老年人的自爱意识要进一步提升。

（二）老龄工作体制机制尚不健全

我国老龄工作体制存在综合决策和协调机制不健全、涉老部门职能定位交叉重叠、监督检查和考核评估机制不到位、投入保障机制不完善、老龄工作委员会办事机构执行力不够强、基层老龄工作力量薄弱等问题。"党委领导、政府主导、社会参与、全民行动"的老龄工作大格局还没有真正形成。这些都直接抑制了我国应对人口老龄化挑战的组织领导能力和战略执行能力的提升。

（三）老龄事业发展不平衡不充分

老龄产业发展不充分，老龄事业和老龄产业发展不平衡；中西部地区特别是老少边穷地区老龄事业发展不充分，区域间老龄事业发展不平衡；农村发展不充分，城乡老龄事业发展不平衡；居家社区养老服务发展不充分，与机构养老服务发展之间存在不均衡；老年人的精神慰藉不充分，与物质保障、服务供给发展不均衡；补充养老保险和商业养老保险发展不充分，养老金三大支柱发展失衡问题突出，基本社会保障制度的公平性、适应性、可持续性仍需加强。

第四章 积极应对人口老龄化国家战略与老年体育公共服务高质量供给

第一节 积极应对人口老龄化国家战略

习近平总书记强调，有效应对我国人口老龄化，事关国家发展全局，事关亿万百姓福祉。2019年11月，中共中央、国务院正式印发了《国家积极应对人口老龄化中长期规划》（以下简称《规划》）。《规划》指出，人口老龄化是社会发展的重要趋势，是人类文明进步的体现，也是今后较长一段时期我国的基本国情。人口老龄化对经济运行全领域、社会建设各环节、社会文化多方面乃至国家综合实力和国际竞争力，都具有深远影响，挑战与机遇并存。《规划》强调，积极应对人口老龄化，是贯彻以人民为中心的发展思想的内在要求，是实现经济高质量发展的必要保障，是维护国家安全和社会和谐稳定的重要举措。要按照经济高质量发展的要求，坚持以供给侧结构性改革为主线，构建长远的制度框架，制定见实效的重大政策，坚持积极应对、共建共享、量力适度、创新开放的基本原则，走出一条中国特色应对人口老龄化道路。《规划》明确了积极应对人口老龄化的战略目标，并从5个方面部署了应对人口老龄化的具体工作任务。《规划》要求，坚持党对积极应对人口老龄化工作的领导，坚持党政主要负责人亲自抓、负总责，强化各级政府落实规划的主体责任，进一步完善组织协调机制。推进国际合作，推动与"一带一路"相关国家开展应对人口老龄化的政策对话和项目对接。选择有特点和代表性的区域进行应对人口老龄化工作综合创新试点。建立健全工作机制、实施监管和考核问责制度，强化对规划实施的监督，确保规划落实。

一、积极应对人口老龄化的时代背景和战略意义

人口老龄化是社会发展的重要趋势,是人类文明进步的体现,也是今后较长一段时期我国的基本国情。我国自20世纪末进入老龄化社会以来,老年人口数量和占总人口的比重持续增长,2000年至2018年,60岁及以上老年人口从1.26亿人增加到2.49亿人,老年人口占总人口的比重从10.2%上升至17.9%。未来一段时间,老龄化程度将持续加深。

积极应对人口老龄化,是党中央、国务院正确把握人口发展大趋势和老龄化规律,作出的立足当下、着眼长远的重大战略部署,事关实现"两个一百年"奋斗目标,事关实现中华民族伟大复兴的中国梦,对于坚持以人民为中心的发展思想、实现经济高质量发展、维护国家安全和社会和谐稳定,具有重大意义。

积极应对人口老龄化是贯彻以人民为中心的发展思想的内在要求。伴随着人口年龄结构老化,社会与家庭负担加重,社会保障支出压力加大,养老和健康服务供需矛盾更加突出。积极应对人口老龄化,健全可持续的多层次社会保障体系,完善养老服务体系和健康服务体系,构建养老、孝老、敬老的政策体系和社会环境,有利于满足人民日益增长的美好生活需要。

积极应对人口老龄化是实现经济高质量发展的必要保障。在人口老龄化过程中,劳动年龄人口数量持续下降,青壮年劳动力供给逐步减少,对潜在经济增长率造成不利影响。积极应对人口老龄化,加快积累人力资本,加快提高全要素生产率,加快建设创新型国家,可以化被动为主动,对冲人口老龄化带来的不利影响。

积极应对人口老龄化是维护国家安全和社会和谐稳定的重要举措。人口结构持续老龄化,既不利于保持代际和谐与社会活力,又不利于维护国家人口安全和增强国际竞争力。必须有效防范和化解人口老龄化带来的社会稳定风险和国家安全风险,才能确保中华民族世代永续发展、始终屹立于世界民族之林。

二、积极应对人口老龄化的战略目标

积极应对人口老龄化是一项重大的国家战略,必须以习近平新时代中国特

色社会主义思想为指导，按照党中央、国务院战略部署，加强及早应对、综合应对、科学应对，明确指导思想、基本原则和战略目标。

积极应对人口老龄化的战略总目标是：积极应对人口老龄化的制度基础持续巩固，财富储备日益充沛，人力资本不断提升，科技支撑更加有力，产品和服务丰富优质，社会环境宜居友好，经济社会发展始终与人口老龄化进程相适应，顺利建成社会主义现代化强国，实现中华民族伟大复兴的中国梦。

阶段性目标分别是：到2022年，积极应对人口老龄化的制度框架初步建立。全员劳动生产率平稳增长，劳动年龄人口平均受教育年限稳步提升。基本养老保险和基本医疗保险基本实现法定人员全覆盖，养老保障水平正常调整机制初步建立。多层次养老保险制度体系初步构建，功能完善、规模适度、覆盖城乡、医养结合的养老服务体系基本建成，老年宜居的社会环境初步建立。

到2035年，积极应对人口老龄化的制度安排更加科学有效，社会财富储备进入高收入国家行列。全员劳动生产率合理增长，总体实现教育现代化。基本养老保险和基本医疗保险应保尽保，实现法定人员全覆盖。构建起多层次养老保险制度体系。主要健康指标进入高收入国家行列，人均预期寿命和健康预期寿命稳步提升，老年人健康水平不断提高，有序衔接、综合连续的健康服务体系基本形成。中国特色养老服务体系成熟定型，全体老年人享有基本养老服务。国家创新能力跻身世界前列，科技对应对人口老龄化的支撑作用显著增强。老年友好型社会总体建成。

到本世纪中叶，与社会主义现代化强国相适应的应对人口老龄化制度安排成熟完备，老年友好城市、友好乡村、友好社区遍布全国，全体人民生活更加幸福安康，中华民族实现伟大复兴，以更加昂扬的姿态屹立于世界民族之林。

三、积极应对人口老龄化的具体工作任务

（一）夯实应对人口老龄化的社会财富储备

夯实财富储备是应对人口老龄化的重要基础。《规划》提出，坚持习近平新时代中国特色社会主义思想，推动经济高质量发展，增加国民财富积累，为应对人口老龄化提供坚实的社会财富保障。优化政府、企业、居民之间的收入

分配格局，完善体现效率、促进公平的收入分配体系，健全更加公平更可持续的社会保障制度，持续增进全体人民的获得感、幸福感、安全感。

一方面，增强应对人口老龄化的经济基础。一是通过保持经济持续稳定增长，优化经济发展结构，提高经济发展质量效益，促进经济发展与人口老龄化进程相适应。二是通过完善国民收入分配体系，加大财政支持力度，促进企业财富积累与合理分配，鼓励家庭、个人建立养老财富储备，稳步增加全社会的养老财富储备。

另一方面，注重提高社会保障能力。一是加快建立覆盖全民、城乡统筹、权责清晰、保障适度、可持续的多层次养老保险制度。二是健全老有所医的医疗保障制度。三是建立多层次长期照护保障制度，实施兜底性长期照护服务保障行动计划。四是完善社会福利和社会救助体系。

（二）改善人口老龄化背景下的劳动力有效供给

人力资源开发利用是国家综合竞争力的根本源泉，要坚持向人才要红利，提高人力资源素质，推进人力资源开发利用，推动人口红利向人才红利转变。

一方面，要全面提高人力资源素质。一是实施人口均衡发展国家战略。二是加快完善国民教育体系，着力培养具有国际竞争力的创新型、复合型、应用型、技能型人才和高素质劳动者，提升新增劳动力质量。三是构建老有所学的终身学习体系，推行终身职业技能培训制度，加快终身学习立法进程，建立健全社区教育办学网络，创新发展老年教育，实施发展老年大学行动计划，到2022年全国县级以上城市至少建有1所老年大学。

另一方面，要推进人力资源开发利用。一是进一步完善统一开放、竞争有序的人力资源市场，深化户籍、社保、土地等制度改革，加大就业灵活性。二是创造老有所为的就业环境，充分调动大龄劳动者和老年人参与就业创业的积极性，推进有意愿和有能力的大龄劳动者和老年人在农村就业创业。三是构建为老服务的人力资源队伍，加快培养养老护理员队伍，加快推进老年医学等学科专业建设与发展，壮大老龄产业从业队伍，加快培养为老服务的社会工作者、志愿者队伍。四是有效运用两个市场和两种资源扩大劳动力供给，以全面开放扩大劳动力供给。

（三）打造高质量的为老服务和产品供给体系

1. 健全以居家为基础、社区为依托、机构充分发展、医养有机结合的多层次养老服务体系

伴随老年人口数量持续增加，高龄和失能失智老人数量不断提升，养老服务需求持续增长，对服务能力和质量提出更高要求。目前，我国居家、社区养老服务供给能力不足，养老机构服务供给总量短缺与结构矛盾并存。对此，《规划》提出要加大养老服务投入力度，多渠道、宽领域扩大适老产品和服务供给。

一是提升居家社区养老品质。建立完善支持居家社区养老的政策体系，鼓励成年子女与老年父母就近居住或共同生活，履行赡养义务、承担照料责任。探索社区互助式养老，鼓励老年人根据喜好及相互约定，自愿开展多种形式的互助式养老。加强社区养老服务设施布局，加快建设分布式、多功能、专业化的社区养老服务设施，制定和完善适老性住宅的建筑标准和规范。

二是强化养老机构服务能力。《规划》对养老机构的发展进行了定位。一方面，要强化公办养老机构保障作用。进一步明确公办养老机构"兜底线、保基本"的职能定位，加快推进公办养老机构入住综合评估和轮候制度，公办养老机构优先向计划生育特殊家庭、做出特殊贡献的老年人以及经济困难的孤寡、失能、残疾、高龄老年人提供服务。鼓励有条件的党政机关和国有企事业单位举办的培训中心、疗养院及其他具有教育培训或疗养休养功能的各类机构经过一定程序整合改造为养老服务设施。另一方面，要大力发展民办养老机构。逐步形成以社会力量为主体的养老服务格局。全面放开养老服务市场，支持社会资本投资兴办养老机构，落实同等优惠政策。提高对护理型、连锁型民办养老机构的扶持力度。引导规范金融、地产企业进入养老市场，鼓励养老机构探索各类跨界养老商业模式，推动养老机构将服务逐步延伸至居家社区，扶持引导养老机构聚焦失能失智老年人长期照护。

三是推进医养有机结合。深化医养结合，持续改善老年人健康养老服务。鼓励医疗卫生机构、养老机构以多种形式开展合作，提供多样化、多层次的医

养结合服务。养老机构内部设置诊所、卫生所（室）、医务室、护理站，取消行政审批，实行备案管理。对养老机构设置的医疗机构，符合条件的按规定纳入基本医疗保险定点范围。根据医保基金水平，积极探索将符合条件的家庭病床、安宁疗护等医疗费用纳入基本医疗保险支付范围。

2.建立健全健康服务体系

积极推进健康中国建设，打造高质量的健康服务体系，建立和完善包括健康教育、预防保健、疾病诊治、康复护理、长期照护、安宁疗护的综合、连续的老年健康服务体系。

一是普及健康生活。坚持以人民健康为中心，落实预防为主，推行健康生活方式，减少疾病发生，强化早诊断、早治疗、早康复，大幅提高健康水平。推进全民健康生活方式行动，强化家庭和老年人健康生活方式指导及干预。广泛开展全民健身。实施国民营养计划。

二是加大设施供给。推进公共体育普及工程，加强足球场、社区健身中心、体育公园、健身步道等场地设施建设，打造城镇社区15分钟健身圈。将老年医院、康复医院、护理院、安宁疗护机构作为区域卫生规划的重点，加大建设力度。加快国家老年医学中心建设，建设一批区域老年医疗中心。

三是优化健康服务。全面建成体系完整、分工明确、功能互补、密切协作、运行高效的整合型医疗卫生服务体系。实施中医临床优势培育工程和中医治未病健康工程。实施慢性病综合防控战略，推广老年人健康体检。加强心理健康服务体系建设和规范化管理，推动开展老年心理健康与关怀服务。加快安宁疗护机构标准化、规范化建设。

（四）强化应对人口老龄化的科技创新能力

深入实施创新驱动发展战略，充分发挥科技创新引领带动作用，把技术创新作为积极应对人口老龄化的第一动力和战略支撑，聚焦整体创新和为老服务创新，全面提升国民经济产业体系智能化水平，加快老年相关产品和服务的科技研发，依靠科技创新化解人口老龄化给经济社会发展带来的挑战。

一方面，增强科技支撑能力。一是依靠科技创新引领产业升级。推动以科技创新为核心的全面创新，转变经济增长的动力机制，切实把科技进步和创新作为加快转变经济发展方式和调整经济结构的重要支撑，增强科技进步对经济增长的贡献度。发挥创新引领作用，推动我国产业迈向全球价值链中高端，对冲人口老龄化对经济增长的负面影响。二是发展劳动力替代及增强技术。顺应劳动年龄人口减少的趋势，大力发展物联网、云计算、人工智能、机器人等新技术、新设备，推动科技创新成为经济社会发展新引擎。实施智能服务机器人后发赶超行动计划，加强智能服务机器人研发和应用，培育壮大自主品牌智能服务机器人的市场规模。

另一方面，提高老年服务科技化水平。一是加大老年健康科技支撑力度。大力发展老年医学，促进医研企共同开展创新性和集成性研究，加快推动老年医学科技发展。促进生物技术和信息技术融合发展，推进老年医疗临床和科研大数据应用，推动一系列前沿共性技术发展。二是加强老年辅助技术研发和应用。加强老年辅助器材及产品研发创新，优先发展老年人护理照料、生活辅助、功能代偿增进等老年辅助科技产品。优化老年辅助产品设计，提高实用性，为老年人功能退化缺损提供智能科技代偿，辅助、替代人力照护，以技术创新增进老龄群体的社会参与。三是融合移动互联网、大数据、可穿戴、云计算等新一代信息技术，发展以主动健康技术为引领的信息化老年健康服务。从以治病为中心转变为以人民健康为中心，关注疾病预防、功能完善以及健康寿命延长，建设基于循证医学的持续性健康维护和干预体系。实施智慧老龄化技术推广应用工程。

（五）营造良好社会环境

积极应对人口老龄化涉及方方面面，需要全社会的共同努力和自觉行动。《规划》明确提出要建设老年友好型社会，聚焦全民意识提高和全社会自觉参与，形成老年人、家庭、社会、政府共同参与的良好氛围。

一是加强老年人权益保障。适时修订老年人权益保障法，完善法律法规体系。加大普法宣传教育力度，鼓励老年人依法维护自身合法权益。健全老年人权益保障机制，加强老年人法律服务和法律援助。

二是完善家庭支持体系。优化家庭发展环境，完善家庭支持政策，推动家政服务提质扩容。推进幸福家庭创建，营造良好家风，加大对生活困难家庭的帮扶支持力度。

三是建设老年友好型社会。打造老年宜居环境，普及公共基础设施无障碍建设。丰富老有所乐的精神文化生活，完善老年精神关怀服务体系。传承弘扬养老、孝老、敬老的中华民族传统美德。逐步健全老年人社会优待制度体系。推动社会力量共同参与老年友好型社会建设。

四、积极应对人口老龄化的保障措施

积极应对人口老龄化是一项宏大的系统工程，需要各地区各部门高度重视，一以贯之，持续用力，久久为功。为保障《规划》的有效实施，增强可操作性，主要从两方面提出具体措施。

一方面，健全组织保障。一是加强党的领导。充分发挥党总揽全局、协调各方的作用，为规划落实提供坚强保证。二是完善组织协调机制。建立和完善党委统一领导、政府依法行政、部门密切配合、群团组织积极参与、上下左右协同联动的老龄工作机制。

另一方面，完善实施机制。一是健全工作机制。坚持党政主要负责人亲自抓、负总责，各地区各部门要加强规划实施的组织、协调和督导，在制定本地经济社会发展规划时充分做好衔接，健全工作机制。二是完善法律制度。根据人口老龄化实际情况和经济社会发展需要，适时调整相关法律法规。三是加强数据支撑。加快完善人口基础数据库建设，开展人口形势分析和动态监测，建立人口预测预报制度，推进人口大数据的研究应用。四是推进国际合作。推动与"一带一路"相关国家开展应对人口老龄化的政策对话和项目对接。五是开展监测考核。开展应对人口老龄化工作综合创新试点，在金融、土地、人才、科技及服务模式等方面进行探索创新。建立健全绩效管理制度，将应对人口老龄化有关工作纳入相关部门和地方政府政绩考核。建立规划实施动态监测机制，加强对规划实施情况的跟踪分析。

第二节　老年体育公共服务高质量供给

人口老龄化将是贯穿我国21世纪的重要国情，积极应对人口老龄化将是我国的一项长期战略任务。《国家积极应对人口老龄化中长期规划》是党中央、国务院把握人口发展大趋势和老龄化规律做出的立足当下、着眼长远的重大战略部署。面对《规划》"打造高质量的为老服务和产品供给体系"这一具体任务，老年体育公共服务供给作为促进老年人身心健康，提高老年人生活质量的重要手段，如何抓住机遇，应对挑战，为积极应对老龄化国家战略贡献体育力量，是迫切的时代课题。

老年体育公共服务研究是老年体育热点问题之一。近年来，广大学者从老年体育制度建设、组织建设以及服务模式等方面进行了深入探讨，取得了一系列成果。如从制度视角层面，湛冰、王凯珍通过对近70年来我国老年体育政策研究和美国老年体育政策文本特征分析，提出拓宽社会参与政策制定的渠道，提高政策质量和可操作性，创新政策激励机制等。范成文通过对比借鉴美国经验，指出健康促进政策、健康保险"红利政策"、复健运动政策等，能够有效促进老年健康。从组织管理视角层面，汪流通过对我国老年体育的回顾，提出"组织化"管理的问题与技术。从服务模式视角层面，刘玉、李建波等对我国老年体育公共服务的解构与重塑、缺位与补位、需求与供给、审视与治理进行了研究。然而，随着社会主要矛盾的转变和经济社会的快速发展，老年体育公共服务供给内容已由公共产品、设施等器物层面的服务，扩大为包括政策、管理、组织、生产和保障等行为层面上的服务。因此，单从一个视角或单纯借鉴层面研究已经无法满足高质量发展的要求，需要系统性、整体性、针对性地从多个视角、多个层面进行综合研究，需要厘清高质量供给的逻辑机理，实施模式以及对策研判等一系列现实问题，以逐步优化供给服务的创新能力，破除理念障碍，缓和供需矛盾，促进供给服务的高质量发展。

十九大报告明确指出，我国已从过去的数量扩张模式进入高质量发展模式，人民群众对物质文化生活的需要转变成对美好生活的需要，对物质文化的需要体现为更好而不是更多。如何推动公共服务高质量供给并满足人民群众美好生活需要成为新时代的新课题。因此，随着人口老龄化趋势的日益严峻和老年人需求层次的上升，老年体育公共服务作为新时代"人民美好生活"的重要组成部分、"健康中国"战略的重要保障，其要求也不再仅限于服务数量，而更多的是追求高质量、高公平的体育服务。在适应国民需要和矛盾的新变化下，谋划新时代老年体育公共服务高质量供给，须坚持和完善中国特色社会主义制度、推进国家治理体系和治理能力现代化这一主轴，以此构建新时代老年体育公共服务高质量供给体系。老年体育公共服务高质量供给主要涵盖以下4个方面：

（1）供给的产品或服务本身质量高；

（2）数量与质量能够高精准满足老年人的体育需求；

（3）注重供给的公平公正，即实现不同区域、不同地域拥有平等的机会和权力享用基本体育公共服务；

（4）在体育公共服务制度、体制、机制、流程等行为层面上实现精细化、规范化、科学化以及现代化，以契合体育治理体系与治理能力现代化的要求。

近年来，党和政府把提供高质量的公共服务确立为新时代满足人民群众美好生活需要的实现途径。新时代满足老年群众美好体育公共需要，须重新认识新时代老年体育公共服务新内涵与新要求，把握其变化趋势，并在高质量发展模式下，以人民群众美好生活需要为导向，坚持以人为本、公平公正原则，从供给的源头上贯彻落实高质量，消解供给不充分不平衡、低品质的痼疾。

一、新时代老年体育公共服务的内涵

新时代是全国各族人民团结奋斗、不断创造美好生活、逐步实现国民共同富裕的时代，是坚持"以人民为中心"的立场、为人民服务的宗旨和人民对美好生活憧憬的奋斗目标的体现。随着人民需要从"物质文化"上升到"美好生活"，老年人的健身健康需求具有了更加个性化、更加均衡化、更加高端化的特征，面对社会主要矛盾的转变和经济社会的快速发展，根据新时代的新使命、新理念与新要求，新时代老年体育公共服务具有了新的内涵。据此，通过对老年体育公共服务内涵进行再认识与总结，结合新时代的使命、要求与理念，总结出新时代老年体育公共服务是指：我国发展处于新的历史方位，在坚持以人民为中心、体现公平公正的前提下，为实现和维护老年人的体育公共利益，满足老年人个性化、品质化和公平化的体育需求，以政府部门为供给主导，社会力量有机协同参与，依据法定职责，运用公共权力而提供老年体育公共产品和服务行为的总称。不仅包含公共产品、公共设施等器物层面上的服务，还包括管理、组织、生产、供给和保障等行为层面上的服务。譬如，老年人体育场地设施服务、老年体育活动服务、老年体育组织服务、老年体育指导服务、老年体育信息服务和国民体质监测服务等器物层面的服务内容；老年体育政策服务、老年体育生产服务、老年体育资源供给服务、老年体育管理服务、老年体育监督服务以及老年人体育评价服务等行为层面的服务内容。

二、新时代老年体育公共服务的趋势

新时代老年人生活需求呈现多样化、多层次、多方面、日益广泛等特点，不仅有物质文化方面的美好生活需要，更有政治生活、精神生活、社会生活等多方面的需要。从供需角度来看，新时代老年体育公共服务是随着新时代老年人生活需求的变化而变化的，其变化趋势更加全面性、更加多样性、更具公平性、更具发展性。

一是全面性趋势。新时代老年体育公共服务不仅在服务产品的范畴、质量等方面更加广泛和优质，而且从注重管控趋向于新时代注重治理和服务，从粗放供给趋向于规范、精细供给，即在老年体育政策服务、老年体育管理服务等服务行为方面也与时俱进，呈现出新时代老年体育公共服务发展更加全面性的趋势。

二是多样性趋势。随着"锻炼、观赏和购买服务商品"为一体的需求的快速拓展，体育与休闲、娱乐、旅游、文化等相关行业的深度融合，老年人追求更多的是健康、满意、愉悦、尊严等精神与心理感受，这使新时代老年体育公共服务的供给趋向于软服务，老年体育设施也由单一设施向配套设施供给转变，供给结构和供给类型越来越丰富多样，展现出新时代老年体育公共服务越发更加多样性的趋势。

三是公平性趋势。在坚持"以人民为中心"的服务宗旨下，新时代老年体育公共服务更加注重公平公正，基本体育服务均等化水平得到持续提升。新时代的老年体育公共服务越来越照顾到不同地域的体育需求，这体现了新时代老年体育公共服务更加公平性的发展趋势。

四是发展性趋势。融入地方传统特色和老年群众需求偏好的体育服务，使得"一地一品""一区一品""一行一品"的格局正在形成，极大地发展了体育公共服务内涵。同时VR（虚拟现实）、人工智能等热门的数字技术逐步运用于老年体育公共服务领域，使得新时代老年体育公共服务走向智慧体育思维，标志着新时代老年体育公共服务从传统迈向现代，展现出新时代老年体育公共服务更具发展性的趋势。

三、新时代老年体育公共服务的要求

新时代老年体育公共服务要以满足广大老年人美好生活需要为出发点和落脚点，并将其融入新时代中国特色社会主义"五位一体"总体布局和实现国家治理体系和治理能力现代化中，以高质量、高公平的体育服务回应老年人对美好生活的向往。新时代发展老年体育公共服务要站在新的历史起点，面对我国社会主要矛盾的转变，对新时代老年体育公共服务做出战略考量和整体谋划，其要求包括以下3个方面：

第一，在服务品质层面，高质量成为新时代我国经济社会发展的鲜明指向，要求老年体育公共服务供给遵循新的标尺。党的十九大做出了一个重大政治判断，即中国特色社会主义进入了新时代，这对我国发展新的历史方位进行了明确，成为深刻把握当代中国发展变革新特征的时代坐标和科学依据。从实践上看，新时代回应公众美好体育需求，持续改进体育服务质量，是实现体育治理体系和治理能力现代化以及老年体育公共服务实践发展的基本趋势。个性化、品质化等成为新时代老年体育公共服务供给的新标尺。在高质量发展的模式下，老年体育公共服务供给集中表现出对需求输入、服务生产、供给输出的全域质量高要求与整体性服务质量偏低之间的矛盾，以及不同区域对服务质量分层、差异化供给的高要求与公共服务"一刀切"式供给之间的矛盾。面对新的矛盾，要求新时代老年体育公共服务遵循个性化、品质化供给，以打破服务供给"大一统"的壁垒，打开服务产品低端供给的桎梏，并通过有效的竞争与合作促进老年体育公共服务个性化供给精准到位、品质化供给精益求精，以此回应老年人对获得感和幸福感提升的多层次诉求。

第二，在服务公平性层面，新时代转型期积累了诸多非均衡性问题，要求老年体育公共服务以人民为中心，更加注重公平公正，保障老年群体体育权益。党的十八大曾指出，社会公平保障体系的建立要以权利公平、机会公平、规则公平为主要内容，这标志着公平正义成为构建新时代和谐社会的基石，"以人民为中心"成为新时代坚持和发展中国特色社会主义的基本方略。就老年体育公共服务公平性而言，随着老年人认知水平的提升、民主和权利意识不断提高，对其供给方式、供给内容、供给结构等提出了更多更高的要求，其核心目标在于解决新时代老年人日益增长的美好体育需要同供给不平衡间的矛盾。从这个角度理解，新时代老年体育公共服务高质量供给不仅仅是服务自身品质的改善提升，还关系到老年体育公共服务供给均衡性的再提升。然而，在新时代转型期时，供给层面表现的城乡差异、地域差异，打破了"均等化"愿景下的公平与公正，致使部分老年人的体育权益遭受损害。因此，进入新时代，为实现老年体育公共权益为每个老年人所享用，具有公平公正的享用机会，要求老年体育公共服务坚持"以人民为中心"的供给导向，更加注重供给的公平与公正，确保全体老年人享用体育公共服务的机会均等，化解新时代转型期诸多问题。

第三，在管理与制度安排层面，网络化供给崭露头角，要求老年体育公共服务由单一管理向协同治理转变，并实现规范化的制度安排。新时代是由多元主体构成的，而不同主体的行为选择受到法律、协议、物质条件、激励机制等因素的影响。由于社会行为的多样性和复杂性处于一个动态变化状态，以及老年体育公共服务特点和性质，多元主体参与形成的网络化供给成为老年体育公共服务发展的主流方向。要求公共服务单一管理向协同共治转变以及制度供给进行创新性变革，以获得可持续性的整体绩效，包含主体责任、供给效益、服务满意等。新时代的社会治理格局要求扩大老年体育公共服务的市场开放，并在政府宏观调控下，通过"社会+市场"的新机制整合市场组织、社会组织及个人或团体的资源、能力和技术构建供给合力，从而形成网络化的供应链。面对新时代老年体育公共服务网络化供给形态的成型,管理模式既要从以往单向的、非对称的控制取向向协同共治、共建共享的新格局转变,又要防止市场竞争机制的滥用,造成不必要的伪竞争、无序竞争的风险。而应在信息对称的基础上,顺应利益相关者的收益预期,构建长期的战略合作伙伴关系,在优势互补、动态协同中实现老年体育公共服务高质量供给。

四、新时代我国老年体育公共服务高质量供给的阻碍

(一)政府"掌舵"行为不足,老年体育公共服务供给质量不高

我国目前处于社会主义初级阶段的基本国情和体育公共服务的特点决定了政府在发展体育公共服务时应发挥"掌舵"的作用。然而,在实践过程中,政府过多的"划桨"行为不同程度地干扰、操纵了老年体育公共服务的供需过程,导致老年体育公共服务供给质量不高。一方面,供给内容同质化、供给方式单一化倾向严重。当前,老年体育公共服务供给的内容主要以场地器材及老年活动中心为主,采取体育行政部门统一供给的方式。随着老年人对体育公共服务需求日趋多元化、个性化和生活化,计划、统一的供给内容和方式无法满足老年人的需求,出现供给"乏力"的现象;另一方面,受财政资源有限性和体育公共服务无偿性的制约,政府在履行体育公共服务的职能过程中呈现出"以政府取向为核心"的现象,即以政府意见和领导个人的偏好来主导和表达体育公共服务的需求,主观认为供给的就是所需求的。如近年来在"门球热"的影响下很多地方专门修建了门球场,但不少地区经常参与门球运动的老人不多,场地使用率不高,同时缺乏管理,场地设施破坏严重,造成资源的闲置浪费。因此,这种以政府取向为核心的供给方式与老年群体的实际需求存在严重的偏差,加剧了老年体育公共服务供需矛盾的发展;此外,政府力量的过度干预也催生出大量"利益导向""政绩导向"的面子工程。对利益回报率高、可以凸显政绩的"高大上"工程,如大型体育场馆建设、大型赛事活动的举办投入过度,而对利益回报率低、不能凸显政绩的"苦差事",如健身指导员队伍的建设、国民体质监测信息资源的建设等方面多是应付差事。

（二）多元主体供给不力，老年体育公共服务供给社会效益不高

政府过多的"划桨行为"挤压了市场、社会组织参与体育公共服务的空间，造成非政府力量参与不足。虽然我国在建设老年体育公共服务过程中鼓励市场和社会力量的参与，国家相关部门也颁布了一系列的政策、法规来保障实施，如国务院《关于加快发展体育产业促进体育消费的若干意见》鼓励多元力量参与、政府购买公共服务等。在江苏常州、广东、上海等地颁布并实施了政府购买体育公共服务的意见，2017年嘉兴市政府向社会公开购买老年门球比赛的组织举办权，实现了体育公共服务多元参与机制的突破和创新。《"健康中国2030"规划纲要》进一步表明，要优化市场环境、培育多元主体，引导社会力量参与健身休闲设施建设运营。但受传统体制的影响，市场和社会组织发展较慢，与国家主体力量悬殊过大。市场的天性是追逐利润，市场参与体育公共服务的目的就是获取利润。由于我国现有的养老制度不完善，老年人对"花钱健身"的意识不强，造成老年人体育消费能力不足。无利可图导致市场参与老年体育公共服务供给的动力不足，呈现"市场失灵"的现象。社会组织在发展老年体育公共服务时起到了"承上启下"的桥梁连接作用。截至2016年底，我国共有体育类社团2.5万个，体育类民办非企业单位1.7万个，满足了不同层次的体育需求。但我国老年体育组织"行政化色彩"严重，专业人才缺乏，不具备适应新市场经济的组织创新能力和专业服务能力，不能承担政府职能的转移，服务社会的效益不明显，呈现"组织失灵"的现象。根据民政部对全国1789个社会组织的调查显示，体育社团的服务能力和活跃度分别排倒数第一、第二位。由此可见，非政府力量参与不足不但减损了老年体育公共服务的社会效益，而且不利于多元主体供给格局和共建共享局面的形成。

（三）供给资金投入不充分，专业人才匮乏显著

当前，群众体育需求呈"井喷式"增长，老年人健身健康需求不断增加，而与之相对应的老年体育公共服务供给因资源渠道单一，使得在资金投入、专

业人才等方面的供给严重不足，成为制约新时代高质量供给的重要因素。一是供给过程资金投入不足。现阶段，我国财政拨款和体育彩票公益金占老年体育公共服务经费投入的主要部分，但离老年人所向往的经费投入还有相当一段距离。另外，有些地方体育部门还存在有限的体育公共服务财政资金过多用于"养人"而非"养事"的现象，加之缺乏有效的财政监督机制，又迫于上级部门的绩效考核，易将有限的财政资金用于政绩容易凸显的地方，导致真正用于体育事业的资金"微不足道"。二是老年体育公共服务专业人才不足。政府购买体育公共服务已成为社会化供给的主流趋势和成功实践，体育社会组织成为转移体育公共服务供给职能的主体之一，然而其专业人才数量及质量的不足掣肘了服务的高质量供给。

（四）"重硬件轻软件"的错位格局，降低老年体育公共服务供给精准性

近年来，随着"全民健身活动中心""全民健身路径"的实施，我国老年人体育公共服务在场地设施等"硬件"建设上取得了显著成绩，很大程度缓解了体育基础设施不足的困境。但是，以"健身指导""体质监测"等为代表的软件建设方面却跟进不力。由于老年人科学健身素养不高，体育健身常识不足，对自身运动能力的测试、运动风险的评估、运动损伤的预防和处理等都需要专业人士的科学指导。调查数据显示：60~69岁及70岁以上老年群体对健身指导、体质监测等体育公共服务的不满意人数，分别居第一及第二位。由此反映出老年人对健身指导、体质监测等体育公共服务的满意度不高。相关报告显示：近年来，我国体育社会指导员的总体数量和规模不断增长，但在数量和等级方面存在结构不平衡的现象。指导员的等级比例虽有所提高，但离《社会体育指导员发展规划（2011年—2015年）》提出的"国家级、一级社会体育指导员人数的比例分别达到3%和10%"的目标还存在一定的差距。体质监测类服务关系到老年群体锻炼过程中的安全问题，目前不少省市虽然成立了国民体质监测中心，如江西省1/3的市、区成立了国民体质监测中心。但当前地市级国民体质监测中心在组织结构、人员配备及办公地点等方面没有明确的归属，乡镇、

街道级的体质监测站点也尚未普及。现存的国民体质监测中心缺乏对老年人身体机能、健康状况的认识及科学制定运动处方、合理选择锻炼内容的能力不足,导致体质监测服务效果不佳。此外,各级政府对老年人体育公共服务发展所需的人文社会环境重视程度不够,导致其服务意识不强、效率不高。因此,老年体育公共服务的供给不仅要以场地、器材等"硬件"为基础,还要提供健身指导、安全监测等"软件"服务,以增强公共服务的有效性。

(五)供给机制不完善,老年体育公共服务供给有效性不高

随着社会主要矛盾的转化,"全能政府"在公共服务的供给方面呈现出"有限政府"的特点。在实践过程中,由于政府制度供给不完善,政策执行的最后一公里受阻。研究表明,体育政策法规没有执行和没有被完全执行的比例高达79.6%,造成体育公共服务供给机制运行不畅。从政策保障机制看,近年来我国老年体育政策体系建设取得了令人瞩目的成绩,政府部门出台了一系列法律、规划,如《中华人民共和国老年人权益保护法》《全民健身计划(2016—2020年)》《老年人体育发展规划》等。形成了一个多部门相互交错,独立与影响并存的老年体育政策网络。但政策缺少明确的执行细则,可操作性不强,导致广大老年人对政策满意度不高,使老年体育公共服务的权利不能完成从"应然"到"实然"的转变。从决策监管机制看,体育的发展是一个重要的民生问题,老年体育政策制定的主体涉及体育、民政、老龄委等多个部门,在执行和决策的时候需要相互配合。受传统经济体制的影响,政府部门之间存在行政"壁垒",权责不明形成"条块分割"的局面,导致目前出现的"广场舞扰民""跑团占道"等问题得不到有效解决。从需求表达机制看,由于缺少需求表达机制,老年人作为体育公共服务供给的受众主体不仅没有"话语权",而且长期处于"无声"的状态。一方面,政府通过行政指令决定体育公共服务供给的顺序和数量,在决策过程中忽视了老年人的参与。另一方面,老年人对自身参与的权利意识淡薄以及存在"搭便车"的行为,导致参与意识不足,出现需求表达"路径闭锁"的现象。从财政机制看,财权上收、事权下移的财政制度导致地方政府成为发展体育公共服务的主力军,呈现"中央请

客、地方买单"的局面。如江苏省80%的体育公共服务投入经费由地方政府承担。此外，由于地方政府财政紧缺，与教育、医疗相比老年体育公共服务在其发展中处于边缘地带。

（六）供给监督不规范

有效的监督是提升老年体育公共服务质量、践行公平公正的有力保障。然而，在"强政府、弱社会"的模式下，"管办合一"是我国现行体育管理体制的最显著特征，体育局及相关部门作为体育的主管、审核部门，集"办体育"与"管体育"于一身，政府既是老年体育公共服务的监督者也是被监督者。因相关监督部门或机构多与供给方呈现"利益相关者"的关系，又因为独立于利益相关者之外的监督主体缺乏相应的法律地位、信息、渠道与途径，容易造成老年体育公共服务供给监督趋于形式化，严重挫伤了供给监督的独立性与透明性，掣肘了监督质量，阻滞了高质量供给的推进。此外，作为老年体育公共服务直接受益者与监督者的社会公众在进行直接监督时，因其监督渠道与途径的有限性、信息不对称性，阻碍了社会公众作为监督主体对老年体育公共服务供给监督权的行使。不健全的供给监督机制必会制约新时代老年体育公共服务高质量供给的实现。

第五章 我国老年体育公共服务高质量供给的现实逻辑

老年体育公共服务高质量供给必须按照事物发展规律在多方力量博弈下开展实施。一方面，现实基础是必要条件与根本保障，其中组织建设作为实施主体是核心要素，政府政策制度是支撑型要素，实践基础作为前期探索积淀是基础型要素；另一方面，多层次的动因机制是牵引高质量发展的主要动力，人口老龄化的严峻形势和积极应对老龄化国家战略的实施，促使老年体育公共服务要不断促进供给规模提升、供给运作规范、供给体系健全、供给布局优化等发展空间。同时，发达国家服务供给实践经验给我们提供了必要参考。从宏观来看，现实基础、动因机制与实践经验在交互作用下达到均衡状态，共同构成了老年体育公共服务高质量供给的现实逻辑（图5-1）。

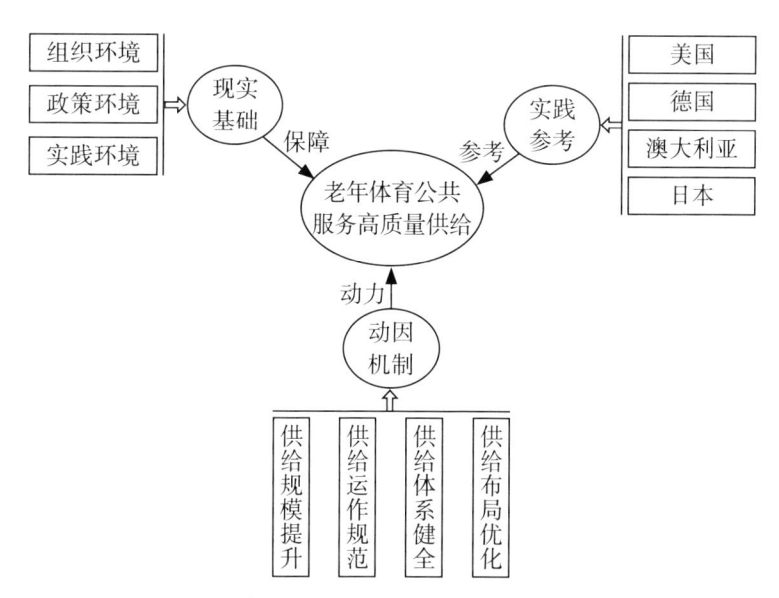

图5-1 老年体育公共服务高质量供给的现实逻辑

一、老年体育公共服务高质量供给的现实基础

（一）组织环境——老年体育公共服务高质量供给的根本保障

组织环境是指老年体育公共服务供给实施主体的建设情况。我国老年体育管理的行政主体分为3类。

第一类是国家为发展体育事业而专门设置的政府体育部门，这部分是属于体育系统内部的组织，属于政府体育系统内部的群体部门，负责拟订包括老年体育在内的群众体育工作规划、方针、政策，推动建立和完善全民健身公共服务体系等。开展老年体育公共服务供给是其本质职能。新中国成立后，鉴于中国体育发展的需要，最早成立的中华全国体育总会的体育管理职能被1952年成立的中央人民政府体育运动委员会所取代。1952—1998年，国家最高体育行政部门也经历了"中央体委—国家体委—国家体育总局"的词语转变，其地位也由国务院的组成部门变成国务院的直属机构。

第二类是国家为应对人口老龄化而设置的专门机构。主要包括全国及地方老龄工作委员会、中国老龄协会、地方老龄协会和其他涉老机构。其中全国老龄工作委员会是国务院主管全国老龄工作的议事协调机构，负责组织管理开展老年体育活动。1982年3月，为参加在维也纳召开的"老龄问题世界大会"，经国务院批准，"老龄问题世界大会中国委员会"成立。1982年10月20日，经国务院同意，"老龄问题世界大会中国委员会"名称改为"中国老龄问题全国委员会"。1995年2月19日，国务院办公厅发出《关于老龄事业机构问题的通知》，中国老龄问题全国委员会更名为中国老龄协会，为国务院副部级事业单位。1999年10月，为加强对老龄工作的领导，中共中央、国务院决定成立全国老龄工作委员会。同年20日，国务院发出《关于成立全国老龄工作委员会的通知》，明确全国老龄工作委员会是国务院主管全国老龄工作的议事协调机构。至此，在顶层设计上，在国家层面形成我国老年体育行政管理的两类主体。

第三类是由政府创建的，带有准行政机构性质的全国及地方各级老年人体育协会组织及其他社会组织。中国体育的协会组织大多是原国家体委和现在的国家体育总局批准的，只有老年人体协是国务院批准成立的，各省区市都成立

了老年人体育组织。为进一步加强老年体育工作，1981年5月，原国家体委会同卫生部、全国总工会等部门召集了北京、天津、上海、安徽、河北、广东、吉林、四川、陕西等省市体育部门负责人，在北京召开了中国老年人体育协会筹备会议。1983年1月28日，由率先成立老年人体育协会的北京、上海、浙江、河南、安徽、河北共6省市老年人体育协会向其他各省、自治区、直辖市发出《关于发起建立中国老年人体育协会的函》，倡导协商成立中国老年人体育协会。1983年4月，中国老年人体育协会成立大会在洛阳市召开。参加会议的有各省（自治区、直辖市）、中央国家机关有关部门、全国总工会、解放军以及地方代表80余人，会议审议通过了《中国老年人体育协会章程》。1983年5月3日，国家体委向国务院呈报了《关于成立中国老年人体育协会的报告》。同年6月，国务院办公厅下发《国务院办公厅转发国家体委关于成立中国老年人体育协会的报告的通知》。中国老年人体育协会也因此成为唯一一个由国务院转发文件批准成立的国字头体育社会团体。从当前我国老年体育公共服务发展实践来看，此类组织承担了大部分组织供给、活动供给、经费供给、宣传供给和人才供给等实际操作职能。但老年人体育协会组织发展总体水平不高，难以有效承担老年体育公共服务供给的管理、指导职能。20世纪80年代以来，我国不同层级老年人体育协会获得了迅速发展，初步形成了纵向到底、横向到边的老年人体育组织网络。但老年体育组织数量上的扩张并未真正起到理想的作用。不可否认，相当一部分老年人体育协会是为应付达标、检查、评比等任务而单独或与其他组织（如老年人协会）挂出的一个牌子，并没有实际的运作机制。各级老年人体育协会经费的主要来源依然是本级财政拨款，普遍处于"等、靠、要"的局面，能够真正实现依靠社会资源、正常开展工作的数量极少。经费不足、人力资源短缺、组织架构单薄等一定程度上反映出我国老年体育公共服务发展的组织困境。

从组织环境来看，老年体育公共服务供给的组织体系基础框架已经建立，但在实际运行中还存在诸多问题。一是组织架构相对单一，基础比较薄弱，前两类都是老年体育的兼职管理部门，而作为专职管理部门的各级老年人体育协会组织，其资源配置能力受到人力、财力、物力等的限制，难以有效辅助政府提供有效供给；二是这种组织管理方式在一定程度上沿袭国家办单位、单位办社会的传统做法。各级老年人体育协会是基于政府需要成立并在体育行政主管部门的领导和指导下开展工作的，难以有效回应老年群体的有效体育需求。老年体育公共服务高质量供给要在现有组织架构基础上逐步完善组织建设工作。

（二）政策环境——老年体育公共服务高质量供给的支撑保障

1994年，国家计委、民政部、劳动部等10个部委联合发布了《中国老龄工作七年发展纲要（1994—2000年）》（以下简称《纲要》）。这是中国老龄事业发展进程中第一个全面规划老龄工作和老龄事业发展的重要指导性文件。《纲要》将"组织广大老年人参加各种形式的体育锻炼、健身活动以减少疾病，增强体质，延缓衰老"作为其重要任务目标。随后，2001年8月、2006年8月和2011年9月，国务院和全国老龄委分别印发了《中国老龄事业发展"十五"计划纲要》《中国老龄事业发展"十一五"规划》和《中国老龄事业发展"十二五"规划》（以下简称《"十二五"规则》）。三个"规划"分别对老年体育活动的开展、组织、场地设施等方面提出了方向性的要求，特别是《"十二五"规划》将"举办第二届全国老年人体育健身大会"列为"十二五"时期老年体育活动开展的重要内容。2000年8月，中共中央、国务院下发了《关于加强老龄工作的决定》（以下简称《决定》）。这是我国第一个以中共中央、国务院名义下发的关于老龄工作的决议，是开展老龄工作的纲领性文件。《决定》指出，今后一个时期我国老龄事业发展的主要目标是，逐步建立比较完善的以医疗保健、体育健身、文化教育和法律服务等为主要内容的老年服务体系。从现行法律来看，1995年8月颁布的《中华人民共和国体育法》和1996年8月颁布的《中华人民共和国老年人权益保障法》，标志着我国老龄政策被纳入了法制化、制度化的轨道，两个法律分别对老年体育的发展作出相应规定。在现行行政法规方面，也有很多涉及老年体育的规定。如2003年6月颁布的《公共文化体育设施条例》第二十一条规定："需要收取费用的公共文化体育设施管理单位，应当根据设施的功能、特点对学生、老年人、残疾人等免费或者优惠开放。"2009年8月颁布的《全民健身条例》第八条规定："制定全民健身计划和全民健身实施计划，应当充分考虑学生、老年人、残疾人和农村居民的特殊需求。"在地方，各省市出台的地方性政策法规，也在不断推动着中国老年体育事业的有序发展，完善和充实着中国老年体育政策体系的内容。

政策环境是老年体育的政策法规建设情况。老年体育政策是政府为了保障老年人体育权益而制定的与老年体育发展息息相关的法律法规和计划措施，规定与指导着老年体育的发展方向。从目前来看，政策制定的主体等级不断提高，参与部门日益增多，内容更加具体。初步形成了以《中华人民共和国体育法》和新修订的《中华人民共和国老年人权益保障法》为基础，以《全民健身条例》《全民健身计划（2016—2020）》《中国老龄事业发展十三五规划》《国家积极应对人口老龄化中长期规划》为主体，以国家体育总局、发改委、民政部等12部门联合印发的《关于进一步加强新形势下老年人体育工作的意见》为具体的，从中央到地方，从宏观到微观的政策法规体系。涵盖了相关法律、行政法规、部门规章等有关政策，涉及养老保障、医疗卫生、老龄服务、文化教育、老年体育等领域内容。

纵观上述政策主要涵盖以下几个层面：一是要充分认识老年人体育工作的重要意义。二是要加强老年人体育组织建设。三是要完善老年人体育健身场地设施。四是要广泛开展老年人体育健身活动。五是要积极做好资金支持。六是要积极做好老年人体育宣传教育工作。老年体育公共服务高质量发展，要抓住政策机遇，充分结合上述政策，为供给服务提供政策保障，为供给内容提供法规依据，同时也为政策落地探索具体途径。

【理论拓展】

改革开放以来我国老年体育政策的发展历程

一、肇始阶段（1978—1991年）

这一阶段国家各部委出台的政策中很少有专门针对老年体育的论述，体育职能部门也多是把老年体育融入社会体育这一大的概念中去。1983年老龄委印发《关于老龄工作情况与今后活动计划要点》，提出在公园等公共场所开设老年人阅览室、游艺室以及各种文体活动场所，这是我国第一个明确提出支持老年人体育活动开展的政策文本。随后，1985年卫生部出台《关于加强我国老年医疗卫生工作的意见》，提出有条件的医院，可积极开展老年病康复医疗，采取理疗、体疗、功能训练等综合措施，促进老年病人的病后康复，提高疗效，充分肯定了体育参与对老年人身心健康的积极作用。

主要特点：从政策制定主体看，与老年人体育直接相关的政策只有2个，分别由卫生部、老龄委制定，国家体委尚未出台政策。从政策内容看，各部门对老年人体育活动的理念还比较模糊。从老年体育的供给主体看，政府是这一阶段老年体育供给体系中的唯一主体。

二、探索阶段（1992—1998年）

先后出台15个相关政策。全国人大常委会通过《中华人民共和国体育法》和《中华人民共和国老年人权益保障法》，国家体委颁布《关于公共体育场馆向群众开放通知》《全民健身计划纲要》等10个文件，民政部颁布《关于加快发展社区服务业的意见》，国家计委等10部门颁布《中国老龄工作七年发展纲要（1994—2000年）》。其中，1995年国务院下发的《关于印发全民健身计划纲要的通知》中提出，要重视老年人的体质与健康问题，积极支持他们参加体育健身活动；《体育法》首次从法律层面明确提到全社会应当关心支持老年人参加体育活动。《中国老龄工作七年发展纲要（1994—2000年）》指出要组织广大老年人参加各种形式的体育锻炼、健身活动以减少疾病，增强体质，延缓衰老。《老年人权益保障法》提出国家和社会应该采取措施，开展适合老年人的群众性文化、体育、娱乐活动，丰富老年人的精神文化生活。

主要特点：从政策制定主体看，国家体委成为主要部门，全国人大常委会和国务院开始逐渐发挥作用，出台法律法规保障老年人体育参与的权益。从政策内容看，老年体育已经开始受到重视，其中《全民健身计划纲要》《老年人权益保障法》和《体育法》三个影响至今的法律法规都首次专门提到老年体育，为老年人体育参与权益提供了政策保障；从老年人体育供给主体看，《老年人权益保障法》首次提出了政府和社会共同采取措施，开展老年人体育活动。

三、发展阶段（1999—2010年）

共出台36个相关政策。国务院出台《关于加强老龄工作的决定》《关于进一步加强和改进新时期体育工作的意见》等10个文件，体育总局出台《关于加强老年人体育工作的通知》《老年人体育发展规划》等12个文件，老龄委出台《关于加强老年人优待工作的意见》《中国老龄事业的发展》等4个文件，民政部出台《老年人社会福利机构基本规范》和《"社区老年福利服务星光计划"实施方案》2个文件，文化部出台《关于加强老年文化工作的意见》，卫生部出台《关于加强老年卫生工作的通知》，建设部出台《城镇老年人设施规划规范》，民政部等14部门联合出台《关于加强社区残疾人工作的意见》，体育总局等9部门联合出台《国民体质监测工作规定》，体育总局等3部委联合出台《关于开展2005年国民体质监测工作的通知》，发改委、民政部两部门联合出台《"十一五"社区服务体系发展规划》，老龄委等10部委联合出台《关于全面推进居家养老服务工作的意见》。在这些政策中，《关于加强老年人体育工作的通知》中指出，要发挥体育在丰富老年人生活和促进社会稳定等方面的作用。《2001—2010年体育改革与发展纲要》中提出，要关注老年人、残疾人体育，新建体育场馆要照顾老年人、残疾人的特点，体育组织要为老年人、残疾人参加体育活动进行科学指导。《老年人体育发展规划》作为第一部关于老年体育发展的专门规划，高度肯定了体育参与在应对人口老龄化的积极作用。

主要特点：从政策制定主体看，体育总局成为这一时期政策制定的主要部门，老龄委开始形成跨部门联合制定政策的趋势。从政策内容看，出台了《老年人体育发展规划》，提出到2015年老年人体育发展目标，并对老年人体育的管理体制、活动经费、体育设施、专业人才培养等方面做出了规划。《国民体质监测工作规定》首次在监测中成立了老年组。从老年体育供给支持主体看，鼓励企事业单位、社会团体、个人资助老年人体育健身活动，引导老年人进行自我健康投资和体育健身消费。

四、深化阶段（2011年至今）

共出台49个相关政策。国务院出台《中国老龄事业发展"十二五"规划》《全民健身计划（2011—2015年）》等18个文件，体育总局出台《体育总局关于加强和改进群众体育工作的意见》等5个文件，老龄委出台《关于进一步加强老年文化建设的意见》《关于推进老年宜居环境建设的指导意见》2个文件，民政部出台《关于鼓励和引导民间资本进入养老服务领域的实施意见》等3个文件，卫计委出台《关于印发老年健康核心信息的通知》，国土资源部出台《养老服务设施用地指导意见》，民政部、发改委、老龄委等多部门联合出台《关于加快推进健康与养老服务工程建设的通知》《关于进一步加强老年文化建设的意见》等19个文件。《全民健身计划（2011—2015年）》中提出，要重视发展老年体育，建立健全老年人体育协会等；要广泛开展经常性的老年人体育健身活动，不断创新适合老年人特点的体育健身项目和方法；公共体育设施对老年人参加体育活动应提供便利和优惠；鼓励老年人教育机构开设体育课程；老年人活动中心设置适合老年人体育活动的设施等。同时，在各部门的文件中，开始对老年人体育活动开展所需的场地设施、健身指导、体育组织做出了要求。此外，这一阶段出台的文件中对老年人体育开展中的经费来源等相关配套政策也开始有所提及。

主要特点：从政策制定主体看，国务院出台的文件增多，意味着政策制定主体等级提升。同时政策制定的部门也开始增多，国务院直属部门中有24个部委制定或参与制定了与老年人体育相关的政策，其中19个政策文件是由多部门联合制定的，占这一阶段总数的40%。从政策内容看，关于老年体育的篇幅明显增多，内容更加细化，经费投入、场地设施供给、健身指导、活动开展等都在政策中有所体现。从老年体育的供给主体看，提出鼓励社会组织、社会资本和个人等主体积极参与老年体育。

资料来源：根据《体育学刊》2018年第2期，范成文、刘晴《改革开放以来我国老年人体育政策研究》文章整理。

（三）实践环境——老年体育公共服务高质量供给的基础保障

实践环境是指面对老龄化的现实国情，老年体育公共服务的发展概况和实施情况。人口老龄化对我国经济和社会发展等多个方面造成重大影响。经济发展方面：一是劳动力供给格局发生重大变化，劳动年龄人口逐步减少。二是经济运行成本发生重大变化，全社会用于养老、医疗、照料、福利与设施方面的费用比例逐渐增大。三是消费需求结构发生重大变化，以老年人口为主的消费市场将不断扩张。上述三个方面将会造成经济增长潜力下降、实体经济与资本经济失衡、金融系统不稳定等系列风险。社会发展方面：一是弱化家庭养老功能，改变家庭结构和规模，增加家庭养老负担，加剧家庭代际矛盾，使家庭养老风险逐步外化为社会风险。二是加重社会代际矛盾，诱发代际利益分配、代际价值观和代际文化冲突，从而削弱社会融合与发展的基础。三是增加社会治理难度。

实践证明，提升老年体育公共服务供给水平是积极应对人口老龄化的有效方式和理想途径。从老年体育工作的发展实施情况看，自20世纪80年代中期以来取得了显著成绩。法规政策不断完善，组织网络逐渐形成，活动场地得到重视，健身氛围不断加强。但也存在诸多问题，如老年人体育组织网络有待进一步加强，骨干队伍还很薄弱。工作经费不足，没有纳入政府财政预算。场地设施不足，建设和运行管理投融资渠道单一。赛事活动服务保障机制有待完善。老年人健身方法研究和科学健身指导服务有待加强。老年体育公共服务高质量供给应有利于这些现实问题的解决。除此之外，老年体育公共服务的价值理念、供给主体、供给产品和供给制度等，在供给实践的过程中也需要认真审视，检视问题，改正问题，具体如下。

第一，公平均等的价值理念尚未形成。公共服务供给的本质就是让消费群体均等公平地享受服务。然而，由于我国体育公共服务的需求总量大，存在城乡差异、区域差异、阶层差异、单位差异、行业差异。因此，现阶段我国老年体育公共服务非均等化现象较为突出。究其原因，老年体育公共服务供给处于一个弱势地位。以政府、社会、市场为代表的服务供给主体，更多倾向于对优势群体项目的投入，而对于弱势群体项目投入处于一个不公平的状态。本来，多主体公共服务供给的目的在于，解决传统公共服务所造成的供给不足、效率低下、政府负担过重这些问题。但是，由于多主体供给，各自有自己的诉求，在实际供给过程中难免出现差异化供给。以市场供给主体为例，追求利润和利益最大化是他们的主要目标。因此，在公共服务项目选择的过程中，市场主体会积极主动选择获利空间大的项目，而消极选择利润低但又不得不提供服务的项目。所以，现阶段在公共财政还相对不足、各种差异并存、公共服务体制不完善的情况下，老年体育公共服务供给均等公平实现困难。

第二，供给主体权限边界不清晰。多元供给模式导致公共服务供给主体权限边界不清晰，职责不明确。多元主体供给存在重叠和交叉，而这些重叠和交叉往往反映出各主体的权责边界问题，如涉及提供基础设施、提供资金保障等服务。以老少边穷的农村地区为例，地方民政部门和体育主管部门对老年体育公共服务的供给存在职能上的交叉，各主体容易出现相互推诿、互不负责的现象。其原因在于，自从1994年财政制度改革实行分税制以来，县级以下政府获得中央财政支持仅25%的增值税和0.3%的消费税，财政负担极为沉重。导致在我国老年体育公共服务供给过程中，各主体的事权、财权、信息不对称，合作效率低下，主体责任缺失。因此，面对老年体育公共服务供给，对于多元主体的权责界限，政府、社会、市场、家庭等主体之间有一种剪不断、理还乱的关系。政府主体在实际供给中到底是扮演"掌舵者"还是"划桨者"，其权限和边界不明晰。社会主体主要依赖社会责任感、社会公德来提升公共服务效率，面对生存压力和权力制衡，社会主体天生缺乏约束力。市场的本质是追求利益和利润，面对市场竞争，市场主体存在"失灵"的缺陷。家庭主体受经济收支状况以及生活成本负担的影响，存在价值博弈与道德失范的风险。而民众主体的自觉自愿，受自身价值诉求的影响较大，缺乏相应的持续性和稳定性。

第三，供给产品质量监管不规范。社区提供的体育公共服务，没有专门针对老年群体的产品，大部分老年群体健身器材所提供的服务都是共享型。无论是政府、社会、市场还是家庭，在体育老年公共服务过程中，针对老年群体的健身需求以及特点设置的专供性服务很少。公共服务产品供给质量以及产品供给监管没有统一的标准，老年体育服务产品质量监管体系几乎是空白，即使是北上广深这些经济发达地区，也只有少数地区建立产品质量监管体系。影响我国老年体育公共服务产品供给质量监管不规范的原因主要是：服务需求量较大；缺少足够的人力和财力；对人员配置、技能培训重视不够；代际之间情感维系物质化。另外，建立完善的老年体育公共服务质量监管体系，需要大量的数据资料，信息采集难度较大，各主体质量监管标准难以统一。

第四、供给制度重文本而轻执行。从我国老年体育公共服务的制度实践来看，明显存在重文本而轻执行的问题。虽然，我国出台了许多关于老年体育公共服务的文件，明确提出要重视老年群体的健身保障需求，但在具体执行过程中，由于缺乏相应的实施细则以及明确、具体、操作性的措施，加上后续执行监管不到位，最终导致政策设计难以真正发挥作用。究其原因，我国老年体育公共服务涉及体育局、老龄委、民政部等多个行政部门。每个部门在管理的过程中都有相应的规章制度，由于各自的权责与利益关系，加之缺乏监管与问责机制，在执行的过程中难免出现"踢皮球"的现象，导致制度执行不力。而对于公共价值的监管，"德""法"之间的博弈，操作难度较大。因此，在制定老年体育公共服务相关文件的时候，需要突出制度的操作性和执行力。

二、老年体育公共服务高质量供给的动因机制

（一）提升供给规模是根本动因

日趋严峻的老龄化趋势带来老年群体的快速扩张，老年群体的不断增加催生老年人对健身健康需求的不断增大，这就要求老年体育公共服务供给要提升供给规模，以有效应对老龄人群巨大的体育消费需求。一方面，我国经济的持续稳定增长，发展结构的优化，质量效益的提高，分配体系的完善，在有效促进经济发展与人口老龄化进程不断适应的同时，也为老年体育公共服务供给的规模化发展积累了财富。另一方面，通过养老保险制度的提高，照护保障制度的健全，社会福利救助体系的完善等社会保障能力的提高，为老年体育公共服务供给规模扩大提供了社会保障体系，进而推动实现老年体育公共服务供给的高质量发展。

（二）健全供给体系是关键动因

老年体育公共服务供给体系是一项包含价值理念、政策法规、供给产品、管理体制、运行机制在内的涵盖思想建设、制度保障、内容要求、运行环境等方面系统化体系。价值理念是实施服务高质量发展的指导原则和工作导向，树立正确的价值理念是供给服务高质量发展的思想基础。在价值理念认同下，供给服务高质量发展需要不断完善政策法规的保障支撑，充分发挥供给产品的核心功能，清晰理顺供给服务的管理体制和运行机制。近年来，随着老年人体育服务需求层次的不断提升，多元化、高品质、个性化的需求特点日益凸显，对供给产品的要求越来越高。因此，需要在供给体系内及时把握体育需求的最新特征、动态变化和需求趋势等信息，不断调整供给结构，提升供给能力，完善供给体系。

（三）规范供给运作是内在动因

供给运作是老年体育公共服务供给实施的技术选择，具体是指供给主体、

供给方式、供给内容等环节的运作实施。庞大的老龄群体以及多元化的健身健康需求，仅靠政府这一组织主体是远远不够的，需要建立以政府为主导，家庭为基础，社会为辅助，市场为补充的多元主体结构运作模式。面对薄弱的社会供给主体和市场供给主体，政府必须承担主导力量，发挥核心作用，同时充分发挥社会组织信息优势，市场主体资源优势，家庭主体传统优势，形成多元主体协作治理的运作方式。另外，在供给方式上要采取分层分类供给，纯公共服务以政府为主，准公共服务和具有利益性质、个性化服务的要以市场为主，同时针对不同区域、不同身体条件的老年群体，实施动态的、分类别的精准服务供给。在供给内容上要结合时代发展，依据老年群体实际需求，适时调整、丰富供给内容，不断优化供给服务。

（四）优化供给布局是外在动因

城乡及区域间的老年体育公共服务供需差异是影响供给布局、制约供给服务均等化的最主要因素，提供统一的标准服务是优化供给布局的有效手段，强化科技创新能力将为这一问题的解决提供全新思路。首先，智能化老年体育服务和产品具有标准化和高科技化特点，在城乡之间以及不同区域领域，可以有效减少具体环境限制，规避人力服务差异。其次，老年体育公共服务供给是多元融合的系统工程，集聚模式是发展方向，智能化老年体育服务和产品与"大数据"等技术相结合，可以将不同区域的比较优势及行业政策进行汇总和系统评价，逐步实现供给空间链的优化布局，吸引相关行业和产业的依附，形成集聚效应，进而推动供给布局结构的优化升级。实现区域间、行业产业间相互补充与融合，城乡间老年体育服务资源统筹与交换，削减供给差异，实现供给布局优化。

三、实践参考：发达国家老年体育服务供给经验镜鉴

（一）美国经验

美国自20世纪40年代步入人口老龄化社会，至今已持续了70多年。截至

2015年，美国65岁以上（含65岁）老年人占全国人口总量的约12.5%，预计至2050年，这一比例将达到20.7%左右，其中，85岁以上（含85岁）的高龄老年人数量将大幅增长，达到1800多万，是1995年的近6倍。另据2018年美国人口普查局报告显示，至2035年，美国65岁以上的老年人口将达到7800万，18岁以下的青少年人口为7640万。老年人口将首次超过儿童人口，这一结构性变化将给美国带来严峻挑战。

1. 多元协同的体育管理体制

美国的社会制度决定了美国老年体育管理体制的社会化与多元化，形成了以分权管理及社会主导为特征的体育管理体制。管理主体以各级各类协会、社会组织、社团及公共体育组织为主，政府部门主要的工作是指导和协调。由于没有专门的体育政策制定部门，美国体育政策的制定分散在以下政府部门：体育运动健身与营养总统委员会（President's Council on Sports, Fitness, and Nutrition, PCSFN）、国家公园管理局（National Park Service, NPS）、卫生与人类服务部（United States Department of Health and Human Services, HHS）、房屋和城市发展部（Department of Housing and Urban Development, HUD）、环保署（US Environmental Protection Agency, EPA 或 USEPA）和美国消费品安全协会（Consumer Product Safety Committee, CPSC）等。体育运动健身与营养总统委员会主要负责推动老年体育活动政策的制定，指导全国老年体育活动的开展；房屋和城市发展部主要负责开展有益于老年社区再建和修复，以及老年人口住房选择的项目与活动；环保署主要负责改善社区健身环境以及社区老年活动项目的建设；美国疾病控制预防中心（Center for Disease Control and Prevention, CDCP）主要负责出台推动全美老年体育活动的计划和监测与研究老年人问题的任务。而美国社区生活管理局（Administration for Community Living, ACL）、美国疾病控制预防中心和国家老龄研究所（National Institute on Aging, NIA）成为联邦政府推动老年体育政策的主要行政机构。

多元管理主体注重部门协同管理。以美国《美国老年人体育活动项目参考指南》（U.S. Reference Guide for Sports Programs for the Elderly）文件的出台为例，2001年，卫生部下属的疾病防控中心（Centers for Disease Control, CDC）成立了老年人糖尿病工作组（Diabetes Working Group for the Elderly,

DWGE）。2007年，老年人糖尿病工作组与疾病防控中心及其下属的38个组织共同推出了这一老年体育政策。美国从1965年逐步形成了"联邦老龄署—州老龄署—县老龄署"的老年工作行政网络体系，各级老龄署（Administration on Aging, AOA）成为推进全美老年体育发展的重要政府机构。美国多主体的协同管理体制还体现在政府机构、社会组织、工作单位、家庭和社区，这些部门都在老年人体育中发挥了作用。社区与家庭是发展老年体育的主要负责部门，政府、社会组织和个人发挥协助与支持作用。

跨领域、跨部门多主体协同制定政策成为美国老年体育政策的一大特征。以《国家计划：促进50岁以上成年人身体活动》（National Plan: Promoting Physical Activity for Adults Over 50 Years Old）为例，该政策的制定主体既包括政府组织又包括非政府组织，主要由美国疾病控制预防中心和国家老龄研究所等6个组织协同制定。这一政策的推进则涉及更多的部门，公共政策、健康、医疗卫生、社区组织、市场营销等46个部门协同进行。政策的具体实施则分散在协会、社会组织、公立大学和基层社区等多元主体。最后，体育运动健身与营养总统委员会、疾病防控中心、美国运动医学学会（American College of Sports Medicine, ACSM）、美国退休人员协会（The American Association of Retired Persons, AARP）及联邦老龄署5个部门协同负责政策实施情况的监督工作。

2. 健全完善的老年体育政策体系

虽然"二战"后美国社会的主要矛盾是失业问题及经济发展问题，但政府非常重视通过社会保障政策保护社会弱势群体的利益。1950年，第一次召开白宫老龄会议（White House Conference on Aging），此后又分别在1961年、1971年、1981年、1995年、2005年和2015年召开了6次白宫老龄会议。从1961年的会议中对老年体育凭兴趣的陈述到2005年的会议中6次谈到老年体育问题，再到2015年会议的报告明确指出，体育活动是健康老龄化最有效的措施之一，白宫老龄会议对于体育活动促进老年人健康作用的关注可见一斑。

《美国老年人法案》（The Old Americans Act）《全民健康保险法案》（Universal Health Insurance）和《医疗救助法案》（Medical Assistance Act）是美国保障老年人权益的3部重要法案。1965年的《美国老年人法案》中提出，"为老年人提供相关服务，使其通过有规律的身体活动和锻炼保持身心健康",这一法案对《60岁以上人群保持活力项目》（Program for People over 60 Remain Active）的诞生起到了推波助澜的作用。1977年修订的《美国老年人法》中又提出，"为老年人提供公共服务，促使老年人参加日常活动和体育锻炼，保持身心健康"。1987年版的《美国老年人法》中的"加强体育活动参与，促进老年身心健康"等条款得到了进一步的强化。此后，美国老年体育活动受到社会各界的广泛关注，各州先后推出了许多老年人体育活动政策，老年体育活动参与率迅速提高。

自20世纪70年代以来，美国的《健康公民计划》（Healthy People Plan）也促进了老年人体育的发展。1979年，《健康美国人——卫生署长报告》（Healthy People——The Surgeon General's Report on Health Promotion and Disease Prevention）中指出，"老年人需要加强锻炼，以有效地锻炼改善老年人智力和身体能力、提高老年人自理能力"。1980年，美国卫生与人类服务部颁布并实施了《健康公民1990》（Healthy People 1990），这标志着美国正式启动了"健康公民计划"国家战略。1981年，卫生与人类服务部通过反复的临床实验提出，"身体锻炼是控制医疗费用的有效手段之一"，并确定了老年人参与体育锻炼的具体目标，即1990年，美国65岁以上的老年人中50%能够积极参加适合年龄特征和身体状况的身体活动。从《健康公民1990》到《健康公民2020》（Healthy People 2020），美国政府及相关部门颁布的4部健康公民计划中，体育活动均被置于重要地位，被当成防治疾病、促进健康的重要方式和手段之一。

21世纪以来，美国出台了《国家计划：促进50岁以上成年人身体活动》（The National Blueprint: Increasing Physical Activity Among Adults Age 50 and Older）、《美国人体育运动指南》（Physical Activity Guidelines for Americans）、《健康公民2020》和《国家体育活动计划》（National Physical Activity Plan）4个具有较大影响力的老年体育相关政策、规划。这些政策之间互相关联，体现了政策的完整性与配套特征。至此，美国老年人体育服务政策形成了"白宫老龄会议""老年人法案""健康公民政策"以及配套政策为主的健全完善的政策体系。

3. 分工明确的社区体育管理体系

在美国，发展社区体育成为促进老年人参与体育、促进健康的重要手段。

2012年，由老龄署、残疾人办公室（Office of Disability Employment Policy，ODEP）和残疾人管理局（Administration on Disabilities，AOD）3个部门合并而成的美国社区生活管理局开始运行。美国社区生活管理局主要通过社区支持服务满足社区老年人的物质文化需求，并通过相关医疗补助或联邦政策完善社区设施。美国老年健康促进活动主要在社区政策的支持下开展。《社区发展体育活动策略指南》（A Strategic Guide to Community Sports Development）、《社区与老年人疾病防治融合发展框架报告》（Framework Report on Integrated Development of Community and Disease Prevention for the Elderly）、《ACL行动计划2013—2018》（ACL Action Plan 2013—2018）、《健康老龄化，生活更美好——医保受益者社区预防和健康项目的评价》（Healthy Aging，Better Life——Evaluation of Community Prevention and Health Programs for Medicare Beneficiaries）等10余个社区老年体育政策文件的陆续出台都体现了将老年体育活动集中在社区发展的特征。同时，美国政府重视社区公共体育设施的建设，政府所提供的老年人体育锻炼设施主要集中在社区体育中心和社区公园。美国的绝大部分社区都建有社区体育中心，中心室内外配套设施齐全。政府负责规定社区体育中心各类设施的建设标准，并出台政策要求各州具体执行。社区体育中心为老年人体育活动的开展提供了得天独厚的条件。此外，美国《健康公民2000》（Healthy People 2000）把增加社区体育中心的数量作为一个重要的考核指标。除社区体育中心外，社区公园是美国老年人进行体育活动的另一重要场所。在美国，社区公园数量多、面积大，每1000个公民平均拥有1~2英亩的社区公园。大多数社区公园的各种设施齐全完备，几乎每个社区公园都配备了适合不同年龄层次、身心状况的各种体育设施，可以同时满足大量社区居民的各种体育需求。

4. 科学合理的体育志愿服务体系

美国将体育志愿服务纳入社会服务体系，并通过完善的组织机构和制度保障志愿者活动的顺利开展。体育志愿者在与老年人相关的体育公共服务中扮演着重要的角色。从20世纪70年代开始，美国就从法律层面对志愿者服务进行了保障。美国在1973年出台了《志愿者服务法案》（Domestic Volunteer Service Act），这一法案明确规定了志愿者的招募、培训、监督与管理等具体事宜。

1999年，又进一步修正了该法案的内容。之后，一系列与志愿服务相关的法律相继出台。此外，美国还建立了志愿服务激励机制，通过"志愿者总统奖"（President's Volunteer Service Award）、税收减免、体育志愿服务组织网站等方式，激励国民参加老年人体育志愿服务。

体育志愿者已经成为推动美国老年人体育公共服务的重要力量。根据"美国志愿者"（Volunteers of America）官方网站的统计，2014年，在美国从事志愿者服务工作的人数高达6260万，志愿服务时间全年累计近80亿小时（Volunteering in America Gov，2014）。在美国从事社区志愿服务大部分属于无偿服务，每年有380多万人进行无偿的社区志愿服务，其中，至少有1700万人从事社区体育服务，占总人口的5.5%，形成了参与人数多、管理体系健全的体育志愿服务体系。

美国的社会体育指导协会种类较多，划分也比较细，且参与人群广泛。承担其社会体育指导员培养工作的机构主要是美国运动医学学会和美国国家体能训练师协会（National Strength & Conditioning Association，NSAC）。前者除了研究社会体育指导员发展外，还在运动急救、运动员健康管理、运动健康咨询等方面对社会体育指导员进行培训；而后者的主要功能是体育教育培训和训练师认证资格，其培训的社会体育指导员主要从事专业的体育技能指导与运动医疗保健服务。

5. 全面覆盖的科研、教育和信息网络体系

早在1948年，美国学界就开始关注老年体育并在学术领域取得了丰硕的成果，美国政府也非常重视老年健康问题研究。如1995年的白宫老龄会议第24号决议就提出，"增加联邦对老龄研究、老年疾病、老年护理、特殊老年人群等研究领域的科研资助"。此后，2005年，再次重申"基于健康营养促进和慢性病预防管理的实证研究，老龄署应加快体育活动和营养资源库的建设"。美国许多大学都建有老年与体育促进健康实验室，积极申报完成老龄署和老龄研究所委托的研究课题。美国的老年人体育科研还非常重视科研成果的推广与转化，转化型与推广型体育科研成果是美国老年政策制定的依据与基础。

美国十分注重"医体结合"，构建医疗卫生服务和体育健身服务于一体的运动促进健康服务平台。倡导以运动这一非医疗手段促进身体健康，发挥医疗

卫生系统和体育系统的协同功能，提倡医院把运动处方作为健康治疗与恢复的重要手段，凸显以"运动促进健康"（Fit for Health）的健康服务宗旨。为提高医务工作者运动促进健康的指导能力，美国运动医学学会加强了对从业人员的培训，并建立了"医体结合"的继续教育及职业认证体系。一些医学院校也加大了体育活动干预相关课程的培训，注重学生运动干预慢性病的方法与能力的培养，旨在学生走上工作岗位时能熟练应用运动干预手段治疗老年人慢性病。此外，美国重视大众媒体对体育活动的传播，利用各种媒体宣传国家健康战略。如《健康公民2010》设立专门的信息发布和健康网络辅导网站，《健康公民2020》建立了网络社区，为公民提供健康资料来源和技术援助。

（二）德国经验

德国是世界上最早步入老龄化社会且人口老龄化最严重的国家之一，早在1932年德国65岁及以上的老龄率就已经达到7%，1972年该比例为14%，2009年该比例为20%。2012年，德国联邦统计局根据相关数据预测，在未来的50年内，德国60岁以上的人口将大幅增加，将从23%上升至35.8%。根据2008年德国柏林研究所（the German Institute Berlin）的一份研究数据显示，德国人口老龄化的程度远比上述数据严重。预计到2025年将达到39.3%，到2050年可能达到55.8%，即在2050年的德国，每两个人当中就有一个是65岁以上的老年人。

1. 多部门联合制定老年人体育服务政策

德国把老年人有机会参加体育活动作为大众体育政策中重要的一部分。为了保障老年人的体育活动，提高老年人群体体育活动的参与率，德国相关部门联合推出了多项计划。2010年1月至2012年3月，由德国奥林匹克体育联盟（Deutscher Olympischer Sportbund，DOSB，以下简称"德国奥体联"）牵头，德国家庭、老年人、妇女和青年部联合推出了"50岁以上老年人健身组织网络计划"（Plan for the Health Network Among Adults Age 50 and Older），得到了德国奥体联下属的部分单项协会和部分地区体联的积极响应。其中，德国体操联盟（German Gymnastics Federation）推出了《运动直至100岁计划》（*Plan for Exercise until You are 100*），动员80岁以上的老年人参加体育运动。为了方便老年人及时、全面了解各类体育俱乐部的活动信息，下萨克森州体联把50岁以上老年人的体育活动安排集结成册。北莱茵-威斯特法伦州体联则将体育视为年轻人与老年人沟通、联系的重要桥梁之一，推出了《年轻人和老年人一起健身计划》(Plan for the Young and the Old Exercise Together)，这一计划得到了群众的广泛支持，社会反响极好。该州体联下属5个单项协会的19家俱乐部参与了该项计划，为使计划顺利推行，这些俱乐部煞费苦心，对活动内容和形式进行了积极创新，并进一步拓宽合作渠道，组织网络也因此更加完善。为提高高龄老人的体育公共服务水平、满足高龄老人的体育运动需求，德国奥体联与德国家庭、老人、妇女和青年部共同推出《为70岁以上老人提供运动机会计划》(Plan for Providing Exercise Opportunities for People over the Age of 70)。各运动协会十分注重本运动项目的体育服务，如德国射击射箭联盟针对老年群体，提供专门性和一般性的体育服务，组织老年人参加老年人射箭锦标赛。

2. 运动与健康结合推动老年人体育服务体系建设

为保障老年人的身体健康，德国法令明确规定老年人有权利要求参与复健运动，通过运动恢复或维持身体运动能力，并且将健康医疗范围扩大，涵盖了运动俱乐部。2004年，德国政府推行了一项重要的医疗保险改革，健康保险的服务范围延伸至运动与健康促进等疾病预防措施，这一改革举措，在一定程度上促进了投保人参与权的提高，并使投保人自我健康及疾病预防的效能有了大幅增强。

随着人口老龄化速度的加快，老年健康服务业迅速兴起。在此背景下，德国保险公司提出了以预防性医疗服务为主的"第二健康市场"(the Second Health Market)概念，其内容包括预防性健康检查、运动与旅行健康及预防服务等。如果老年人需要长期进行运动复健，无论引发的原因如何，都可以由医师转介到运动俱乐部参与复健运动训练。而在运动复健训练过程中，参与者需要支付的费用非常少，因为运动复健与部分辅具装备费用都由保险公司买单。同时，在各种针对老年人的社会机构，如体育俱乐部、敬老院、老年人之家中提供护理或体育护理，老年人可以在医院和康复中心进行心血管疾病体育和门诊理疗体育的诊治。近年来，德国运动医学界还推出了"运动即良医"(Exercise is Medicine)的概念，当老年人出现身体机能衰退或疾病现象时，医生会为老年人开出运动处方，建议他们参与运动俱乐部的"复健运动课程"，让老年人通过"运动处方"式的运动治疗提升其生理及心理功能。

3. 专门化与专业化培养老年人体育指导员

德国政府对志愿者工作高度重视，把引导和支持志愿者提供社会服务作为国家的一项基本战略。1999年，德国联邦议院设立专门的"公民志愿行动的未来"（the Future of Civic Volunteerism）调查委员会，主要任务是为促进德国自愿的、面向公益的、不以获取物质收益为目的的公民志愿行动制定具体的政策战略与措施。担任体育志愿服务的力量主要是社会体育指导员和志愿者，2012年，有885万德国体育志愿者担任了各类体育志愿服务工作，其中有700万人属于无偿服务。体育志愿者占了德国社会体育指导员的绝大部分，而相比之下，专职和兼职体育指导员只占少数。这些社会体育指导员活跃在各级体育俱乐部，为大众提供体育服务。管理社会体育指导员是德国政府十分重视的一项工作，通过立法保障、建立激励机制等措施，德国政府不断扩大体育志愿者人数。而且，德国政府不定期地对体育志愿者进行业务培训，不断提高其专业水平和服务质量。德国政府还通过税收优惠，为志愿者购买意外伤害事故险等举措鼓励和支持民众积极投身志愿者服务。从2000年开始，德国奥体联专门设立了"支持体育志愿服务奖"（Sports Volunteer Service Award），以表彰积极支持体育志愿服务工作的个人和机构。

德国还设立了专门的老年人体育指导员，德国各运动俱乐部中都有经验丰富的老年人体育指导员，能够为老年人提供多样的运动课程。为保障老年人体育指导员水平，德国还十分注重老年人体育指导员的培训，培训内容包括老年人的生理和心理特点、健康状况、文化背景、体育需求、运动预防培训以及运动康复培训等。1970年，联邦德国体育联盟（West German Sports Federation）委托非政府组织红十字会促进老年人参加体育活动。1971年，德国红十字会在全国成立锻炼小组，开始推广《保持健康》（Keep Fitness）项目，其目的是改善老年人生活方式。该项目内容包括一般身体锻炼、水上锻炼、老年集体舞和瑜伽4项活动，活动地点通常在老年日间照管中心、老年俱乐部、老年公寓、教堂、社区管理部门和私人会所等。他们通过提供适合不同人群的活动，鼓励从未参加过体育锻炼、甚至害怕活动的老年人以及很少与他人交往的老年人参加

《保持健康》课程班,该项目除了指导老年人参加体育锻炼外,还要培训老年人体育指导员。该项目实施后,仅1984年就有18万老年人参加活动,共有4500名老年人体育指导员为11250个锻炼小组提供了指导。此外,大众学校、社区学校和教堂等其他公益组织也把提供老年人活动课程作为一项任务。

4. 科学研究与专业设置助力老年人体育

1923年,德国运动科学家卡尔-迪姆(Carl-Diem)认为,老年人运动的项目内容与练习质量需要有所限制,强调避免高强度高负荷运动,此后,德国将运动科学研究扩展到老年人运动。20世纪70年代,联邦德国开始全面、系统地研究老年人的身心健康以及相关的体育和福利政策。2007年,德国科隆体育学院(German Sport University Cologne)开设了老年体育硕士专业,2010年,该专业更名为体育和运动老年学,其培养目标是能运用心理学与社会学、生物学与生理学、运动和训练学相关知识分析与研究老年人体育活动,并能通过创新身体活力方法、分析老年社会问题,达到促进老年人健康与长寿、提升生活质量和自理能力的目的。目前,活跃在德国各老年人帮助中心和康复机构,对老年人体育活动进行指导和管理的工作人员大部分是德国科隆体育学院培养出来的学生。

(三)澳大利亚经验

澳大利亚在20世纪50年代初就进入了老龄化社会。澳大利亚统计局公布的2016年人口普查结果显示,有16%的人口年龄达到65岁及以上,有超过50万人年龄在85岁及以上。数据显示,2021年澳大利亚65岁以上人口会从2002年的250万增加到420万,占总人口的18%,预计到2051年,老年人口比例将上升至总人口的26%。同时,高龄化也是澳大利亚老龄化的显著特征,如70岁及以上老年人已达到200万,占据全国人口的9%;预计到2021年此比例将增加到13%,而到2051此比例更将增加到20%,人口数大约570万。澳大利亚的男、女性平均寿命已分别达到了83、78.3岁,上升到全世界的第2名。澳大利亚持续增长的老龄化趋势,使得澳大利亚经济增长缓慢,从2008年开始,经济增速就从未超过3.25%;此外,日益加剧的人口老龄化将导致当地医疗卫生部门的负荷不断加大。因此，作为典型的老龄化国家，澳大利亚已形成了包括体育服务在内的较为完善的老年人养老服务体系。

1. 实施家庭和社区保健计划

1984年，澳大利亚开展了《家庭和社区护理服务》（Family and Community Care Services）项目。该项目的宗旨是为老年人、残疾人在社区和家庭中提供一些综合性的服务，主要包含家务类服务、个人护理类服务、医疗类服务以及社交类服务，而社交类服务包括了帮助制订活动计划等，如指导老年人锻炼、行走、加强肌力和平衡训练等。该项目的运营经费主要由联邦政府、州政府和地区政府联合筹集，其中，联邦政府筹集的资金约占总资金的60%，而维持日常运转的管理经费则由州政府与地区政府负责。澳大利亚昆士兰州开展护理《社区能效计划》（Uniting Care Community），即联合护理社区，其在全州范围内拥有8400多名员工和志愿者，280多个服务机构，提供的服务范围涵盖到了儿童、青少年、成年人和老年人等各个年龄层次群体。

澳大利亚昆士兰州还开展了社区创新计划《老年人体育赛事》（Senior Sports Events），该赛事的目的是让老年人最大限度地参与、最大程度地享受体育运动并增加老年人的自信。该项赛事设有专门的管理委员会，委员会的每个成员都有非常明确的角色和责任，其中很重要的一个任务是鼓励老年人积极从事体育活动并参与到该项赛事之中。赛事的赞助商包括昆士兰卫生组织的家庭和社区护理资源部门、布里斯班市议会、昆士兰科技大学以及相关社区。赛事通过广播电台、电视频道和报纸等媒体进行宣传。昆士兰科技大学每年有超过1500名攻读护理、人休科学和体育专业的本科学生作为志愿者参与该项赛事，为体育赛事提供帮助。为在该项赛事上取得优异成绩，许多代表队提前几周甚至几个月就开始进行训练，充分显示了老年人参与体育锻炼的积极性。

2. 制订活跃老年人行动计划

澳大利亚卫生调查报告显示，澳大利亚超重或肥胖的成年人占总人口的61.4%。基于澳大利亚国民不尽理想的健康事实，健康部颁布了《身体活动指导手册》（Physical Activity Manual），规定不同年龄人群每天可以久坐的时间，并指出在无法避免坐着工作时，要尽可能多的起身活动。而经常参加体力活动对老年人来讲，不仅可以提高力量、平衡和灵活性等身体素质以减少跌倒与骨质疏松的风险，还可以减少高血压、Ⅱ型糖尿病、乳腺癌、心脏病以及过早死亡等疾病的风险，从而促进健康老龄化。因此，老年人的体力活动参与水平在整个生命过程中显得尤为重要。体力活动作为改善和保持老年人身心健康、提高老年人生活质量的重要途径，在澳大利亚得到了广泛重视。

2007年，澳大利亚政府制定了《活跃澳大利亚蓝图：政府和社区提高人口体育活动水平行动》（*Analysis of Blueprint for an Active Australia*）。在此基础上，2009年澳大利亚心脏基金会根据老年人的生理、心理以及社会文化等特征，发布了重点领域行动计划《活跃老年人行动计划》。该计划主要内容包括：①大规模媒体宣传老年人的体育需求；②为老年人设计和实施内涵多元的体力活动战略计划，包括教育、促进参与运动动机和减少运动障碍等；③制订和实施力量和阻力训练方案，增强老年人的肌肉力量等。

3. 强化体力活动媒介传播战略

澳大利亚政府充分利用大众传媒在有效设置社区体力活动议程方面的作用，鼓励各类媒体参与身体活动的推广，从而提高公众对体力活动的认识，改变人们的体育态度，并取得了较好的效果。相关研究表明，在宣传、提醒、鼓励与支持社区居民改善体育活动方面，大众传媒发挥着至关重要的作用，通过大众传媒的推广，居民进行中高强度步行的比例得以显著提高。因此，澳大利亚政府实施了体力活动媒介传播战略，并提供了充裕的资金支持。各类媒体通过宣传定期从事大于中等强度体育锻炼的益处，以及身体活动不足对健康的危害，使每个澳大利亚人都能真正意识到身体活动对健康的重要性。澳大利亚政府通过大众传媒营造积极的体育文化氛围，并根据年龄、种族、生活习惯的不同，采用相应的宣传教育方式，试图提高所有居民参与身体活动的兴趣。与此同时，各类媒体也充分利用自身优势，积极创新体育宣传活动的内容与形式，增强民众身体活动的意识，如"无电视日、关电脑日"（No TV day No Computer day）等特别活动就分别由电视媒体和数字媒体推出。另外，澳大利亚政府还专门下拨资金，用于建设增强身体活动的热线，邀请运动促进健康专家为居民解答如何加强身体活动等问题。在澳大利亚社区的"老年人体育赛事"创新计划中，十分注重向广大社区传播赛事信息，鼓励赞助商对赛事进行赞助和宣传，并向当地媒体如广播电台、电视频道和报纸等发送新闻稿。

4. 完善的基础医疗服务体系

澳大利亚的基础医疗体系非常完善，健康从业人员主要包括家庭医生、物理治疗师和运动生理学家等健康辅助成员。澳大利亚居民对自身身体状况较为关注，每年至少看一次家庭医生的居民占82%。澳大利亚政府对健康从业人员不定期地进行专业培训，不断提高其专业水平，使之具有风险评估和开具运动处方的能力。澳大利亚约每800人拥有一名全科医生，全科医生在老年人健康保障中扮演了相当重要的角色，其主要职责之一就是给老年人提供日常医疗保健服务并开具相应的运动处方。全科医生作为家庭医生，不仅为行动不便的老年人提供医疗服务，还为社区老年人提供日常保健和健康教育的服务。除此之外，还与医院的医生保持联系，为老人提供出院后的继续治疗和运动康复服务。仅2008—2009年，全科医生就为澳大利亚65岁以上老年人提供了约3960万次服务，占其总服务人次的30%。此外，澳大利亚的家庭医生、运动生理学家与物理治疗师等健康辅助成员之间联系密切，并建立了相互推荐机制。例如，家庭医生一旦发现患者具有慢性病风险，就会把患者推荐给经验丰富的运动生理学家或物理治疗师，其后的评估和物理治疗干预将由他们接手，这样不仅提高了患者的健康管理能力，还提高了其身体活动水平。因此，广泛的服务主体及服务内容满足了老年人多元化、多层次的体育服务需求。

（四）日本经验

日本是世界上人口老龄化程度最高的国家，也是最大的长寿国。日本的老龄化率在1970年就达到7%，在亚洲和世界范围早早进入老龄化社会。此后，日本的老龄化持续加速，根据日本总务省公布的数据显示，日本65岁以上的高龄人口在2008年就达到了2822万，占总人口比例的22.1%（日本总务省统计局，2008）。2013年，日本65岁及以上的老年人口达3172万，占总人口比例的24.9%，创历史新高；2016年，日本老年人口达到3459万，占比首次超过27%，且75岁以上人口有1691万，在总人口中占比13.3%（日本内阁府，2016）。据推算，2050年日本老龄化率将达到32.3%，成为全世界高龄者比例最高的国家，几乎每3人中就有1名老年人（日本总务省统计局，2008），这一数据说明日本的老龄化问题日益严重。

1. 政府主导的大众体育管理模式

日本大众体育管理制度基本上采用了中央政府、都道府县、市区町村的三级管理模式，其中，文部省体育局是最高的政府体育管理部门。文部省专门成立了保健体育审议会，为加强地方体育事务的管理，还在各地方政府成立了对应的教育委员会。此外，建设省、通产省和厚生省等部门也都发挥着不同的作用。以《健康日本21》为例，国家是制订该计划的核心机构，负责制定基本方针；都道府县根据基本方针制订具体的计划，同时负责指导市町村层面的健康团体；而市町村和保健中心等机构的主要职责是以与上级计划相协调为原则，策划并制订本地区计划，开展国民健康促进活动。

在促进老年体育发展过程中，日本政府除了履行完善法律法规体系、拨付活动经费、培育社会体育指导员等方面的职责外，还积极引导增强民间活力，鼓励社会团体等社会力量投入资源，协助推进老年体育政策工作。政府对学校、企业、民间体育组织开展体育活动予以经济支持，资助方式采用"民办官助"。如日本体育协会承接了文部省的培训社会体育指导员、举办体育节、组织青少年体育团以及进行各种体育研究等具体工作。近年来，日本体育协会还设置了关于看护福祉、健康的新科会，以适应老龄化社会的需要。因此，日本基本上形成了政府主导、社会力量参与的老年人体育发展格局。

2. 与时俱进的健康促进政策

日本在1970年进入老龄化社会的同时，颁布了一系列的政策法规及独特的养老方式，以提高老年人的生活质量。1978年，日本首次推出国民健康运动计划，重点在于提高人们对健康的认识，普及增进健康的知识，并在此期间制定了《增进健康的饮食生活指针》。1988年，日本又推出了第2次国民健康运动计划，旨在促进民众养成健身锻炼的习惯，丰富与完善从婴儿到老人的健康体检与保健辅导体系。1989年，日本政府制定了《黄金计划》，旨在给低收入老年人提供家庭上门护理服务、完善老年人社会福利设施。为给老年人健康运动及健康教育提供良好的场地设施，1994年，日本政府颁布了新的《黄金计划》。

1999年，日本政府再次完善该计划，推出了《黄金计划21》，旨在通过此计划建立护理保险制度。

2000年，日本厚生省下发的《健康日本21》国民健康运动文件，标志着2000—2010年为期10年的第3次国民健康运动正式开始。文件中为改善60岁及以上老年人的锻炼习惯，制定了每天增加1000步的体育锻炼目标。2006年，厚生劳动省制定了《运动指南2006》，规定了身体健康指标和相应的运动量，以预防并纠正民众的不良习惯。2011年，厚生劳动省颁布了《关于实现"健康日本21"目标值的现状与评价》白皮书，在分析总结2000—2010年10年间《健康日本21》计划实施成果的基础上，得出了"体医结合"的重要经验。此后，日本开始重视"体育与医学相结合"的科学健身模式。2013年颁布的《运动基准》中就有针对体育健身的医疗干预指示，尤其是针对慢性病高危人群。随后发行的《运动指导的安全策略》中介绍了如何对慢性病高危人群进行体育指导，并以运动损伤的实例，阐述了运动损伤预防的重要性与运动损伤时的对策。2012年，厚生劳动省颁布第2期《健康日本21》，设定了65岁及以上老年人日常生活中步数的目标值。

在整个国民健康运动计划期间，日本政府还颁布了多部政策法规保障老年人体育活动的开展，如《高龄社会对策基本法》（1995年）、《体育振兴基本计划》（2000年）、《体育振兴彩票法》（2001年）、《食育基本法》（2005年）、《体育基本法》（2006年）等法律文件。以与时俱进、目标明确的健康促进政策构建了针对老年人健康的长期规划，同时注重"健康一生"的理念，并配套了相关法律，赋予健康政策的法律地位。

3. 健全完善的体育指导员制度

日本在老年人体育政策推动与落实过程中，将培养高数量、高质量、不同层次及不同类型的社会体育指导者置于与体育设施同等重要的地位，并作为社会体育发展全面振兴的重要措施。1957年，文部省以振兴地方体育为目的，设立了体育指导委员制度，《体育振兴法》（1961年）对充实体育指导员做出了明确规定。在1972年的保健体育审议会上，文部大臣咨询机构指出，社会体育指导员一定要具有正式资格。1988年，《社会体育指导员资格授予制度》由文部省正式颁布，并被日本社会体育界公认，自此，日本的社会体育指导员资格得以制度化。通过几年的制度实施，1994年，日本的社会体育指导员达到69633人，其中包括了52862名社区体育指导员。2005年的统计数据显示，实际登记注册的社会体育指导员已经突破了10万人，达到了107705人，其中包括了8276名复数资格者（复数资格者指同时拥有新旧指导员资格的人）。

日本体育协会又以民众体育活动类型、技能水平及运动趋向为原则，设立了基础体育指导员、健身体育指导员、体育经营指导员、竞技类体育指导员和运动医学指导员5大类型的体育指导员。1988年，日本培养社会体育指导员的范围进一步拓宽，具有医学知识与运动指导能力的"健康运动指导员"纳入培养范围，并制定了严格的资格考试制度及资格证书定期更新制度。2006年，《健康运动指导员培养及普及方案》予以颁布，该方案规定相关从业人员要取得健康运动指导员资格证书须通过考试。2011年，日本《体育振兴法》纳入了"体育指导员知识、技能审查事项"内容，社会体育指导员受政府和社会团体的共同管理，资格管理由体育协会负责，培养任务主要由大学或学院的体育系、专业学校及民间体育运动团体负责。

4. 发达的社区体育组织网络

目前，社区俱乐部是日本老年人参加有组织体育活动的主要场所。为实现老年人生命的意义、改善老年人的身心健康，社区成为帮助老年人组织自己的俱乐部或支持老年人参加各种社会活动的主体。20世纪70年代末至80年代，由于社会经济的高速增长所带来的社会变化，社区建设引起了日本政府的高度重视，体育活动成为日本政府进行社区建设的重要战略手段之一。1976年，日本文部省发起了一项关于"促进日常生活体育发展的调查研究"，提出市町村体育行政部门应制定政策，以保障社区体育俱乐部体系化建设。1977年，文部省对市町村在体育俱乐部创建方面的工作，进行了财政补贴，并将推动体育俱乐部创建事业纳入专项预算。1987年，文部省又实施了社区体育俱乐部联合组织创建事业，并对联合体育俱乐部做出贡献的市町村进行财政补贴。

在政府的推动下，出现了许多以老年人为中心的体育俱乐部。1994年，日本桩川体育财团公布的调查数据显示，日本的37万个社区体育俱乐部中共有1169万名会员，每个俱乐部平均有31人，会员总数约占总人口的10%。而据日本桩川体育财团的另外一项调查显示，日本60~69岁的老年人中有18.2%会选择参加社区体育俱乐部，70岁以上的老年人当中有15.2%会选择参加社区体育俱乐部。1995年，日本还启动了综合型社区体育俱乐部的试点创建工作，2000年颁布的《体育振兴基本计划》更是明确了未来日本综合型体育俱乐部的建立和发展是实现终生体育社会的重要战略，并要求每个市町村在10年内，即在2010年前，实现建立一个综合型体育俱乐部的最低要求。截至2015年，日本已经建立了3550座综合型社区体育俱乐部，分布在80.8%的市町村中（日本文部科学省，2015），并在综合型体育俱乐部建设过程中充分考虑到老年人群体的身心特点。

（五）发达国家老年人体育服务体系对我国的启示

1. 多元主体协同推进老年人体育服务体系建设

西方发达国家在老年人体育服务体系的建设过程中，基本形成了多部门共同参与的老年人体育服务体系建设局面。参与体系建设的主体涵盖了政府组织、体育社会组织、协会机构、企业、社区、学校、社会体育指导员、志愿者及医生等，每个主体在体系建设中发挥着不同的作用，协同配合提供老年人体育服务。例如，美国国家健康战略非常重视部门间的合作，不管是战略的实施还是协调，都通过多部门进行协作。而《国家计划：促进50岁以上成年人身体活动》更是由46个部门共同推进；德国在老年人体育的发展过程中，除了政府部门外，体育社团、企业及志愿者都发挥了重要的作用；澳大利亚在体育部门、交通部门、城市规划部门、社区服务部门等多个部门的合作下，提高了国民的体力活动参与水平，进而提升了国民体质；日本为了推动健康老龄化的发展，政府承担了完善相应法律法规体系、投入充足的活动经费、培育社会体育指导员的关键性职责。此外，民间体育组织、学校、公司企业等社会力量协同推进了老年人体育服务。

我国老年人体育服务社会支持体系建设除了体育系统应当肩负一定的责任外，其他部门如财政部、卫生部以及住房和城乡建设部等部门也应承担相应的职责。以跨部门、跨领域合作为基本原则，实现多部门共同参与老年人体育服务社会支持体系的建设格局。

2. 政策法规保障老年人体育服务体系建设

老年人体育服务体系法律政策不仅是政府部门的工作规范，更是全社会共同参与老年人体育服务体系建设的行动逻辑。在美国、德国、澳大利亚、日本的老年人体育服务体系建设过程中，始终伴随着政策法规的建设，系统、连贯、完善的政策法规给老年人体育服务体系建设提供了坚实的法律保障。例如，美国颁布了专门性的老年人体育法规《国家计划：促进50岁以上成年人身体活动》；日本为了更好地实施健康计划，配套了许多相关的政策法规，其中包括了多部法律。目前，我国老年人体育服务社会支持体系的构建还处于探索时期，政策不够完善，相关法律缺失。最为相关的一部政策法规是2015年发布的《关于进一步加强新形势下老年人体育工作的意见》，但欠缺可操作性。因此，在基于我国人口老龄化特征的基础上，借鉴发达国家的成功经验，加强立法，明确责任主体、服务标准及监管机制等，注重创新政策内容，注入政策活力。例如，将志愿服务、大众媒体宣传、饮食等纳入政策内容当中，建立卫生系统与体育部门联动的"体医结合"政策机制等，以政策法规保障老年人体育服务体系建设。

3. 社区组织供给老年人体育服务

社区作为开展老年人体育活动的重要领地，在发达国家老年人体育服务体系建设中占有十分重要的地位。美国老年人健康促进呈现出集中在社区中开展的趋势，社区体育成为促进老年人参与体育和增进健康的重要策略，社区成为老年人体育政策实施的主要推动主体。同时，美国政府还特别重视建设社区公共体育设施，并通过联邦政策与相关医疗补助改善社区设施。澳大利亚则在社区给老年人提供社交类服务（如指导老年人锻炼、行走、加强肌力和平衡训练等），同时配套有家务类服务、个人护理类服务、医疗类服务等其他综合服务。日本对社区建设十分重视，体育活动被纳入社区建设中，并成为一种重要的战略手段，社区俱乐部是老年人参加有组织的体育活动的主要场所。政府等部门建立了体育设施完善、功能齐全的综合社区体育俱乐部，并配备高水平的体育指导员，推进社区体育的发展。因此，我国应该大力开展以社区为依托的老年人体育活动，将体育活动融入日常生活中，使老年人养成良好的锻炼习惯，同时配套相关的基础设施。通过改善体育设施、建立社区保健服务、加强与社区医院合作、建设社区老年人体育组织并营造锻炼氛围等，形成老年人体育健康促进的社区生活方式。

4. 体育指导员和志愿者服务于老年人体育

志愿者与体育指导员在发达国家老年人体育服务体系构建中扮演了至关重要的角色，是推动老年人体育服务体系建设的重要支撑力量。完善的体育志愿服务体系，也为老年人体育服务体系的建设节省了大量的人力、物力。美国社区志愿服务人员每年约有3800万，其中，至少有1700万从事社区体育服务，而这些志愿服务工作均不计报酬。2012年，德国有885万体育志愿者，其中700万志愿者无偿进行服务，另外185万志愿者则担任了某些职位，其每年劳务价值67亿欧元。目前，日本体育协会注册的体育指导员已达到了389123人，其中226999人已获得初步资格证书，占指导员总数的58.3%。同时，发达国家政府又以加强管理、立法保障、建立激励机制等反哺体育志愿服务，提高体育志愿者专业水准、服务质量，形成了良性循环。美国已建立社会体育指导员资格审查制度和志愿服务激励机制，包括设立国家志愿者总统奖、税收措施及体育志愿服务组织网站等。德国设立了支持体育志愿服务奖，并通过给志愿者购买意外事故保险与给予税收优惠等方式支持志愿者服务，此外，德国还具有专门的老年人体育指导员证书。日本很早就出台了《社会体育指导员资格授予制度》，而后又增加了具有医学知识与运动指导双重属性的"健康运动指导员"，形成了由大学或学院的体育系、专业学校以及民间体育运动团体的多元化的体育指导员培养体系。因此，我国要借鉴发达国家经验，完善老年人体育志愿服务体系，加大社会体育指导员和志愿者的培养力度。

5. 体育和医疗卫生部门共建老年人体育服务体系

发达国家非常重视体育和医疗卫生部门在老年人体育服务体系建设过程中的协同作用，积极倡导"体医结合"的服务理念，打造"体医结合"一体化的健康服务平台。美国提倡以运动这一非医疗手段促进健康，发挥体育部门与医疗卫生部门间的协同作用，如在医学院校开设体育活动干预课程，培养学生运动干预慢性病的能力，还倡导将运动处方作为一种健康诊疗手段。德国政府统筹保险体系、医疗系统和运动中心或俱乐部进行合作，将保险资源与健康促进进行深度融合并将运动参与纳入医疗保险改革，真正做到"体医融合"。澳大利亚主要由全科医生提供日常医疗保健服务，并在健康从业人员之间建立了互相推荐机制，完善的日常医疗保健服务为老年人参加体育活动提供了保障。日本政府特别重视"体医结合"的科学健身模式，设立了体育与医学相结合的健身中心，在各健身中心配备了医务室，确保"体医结合"模式的顺利运行。而目前我国体育部门与卫生系统在老年人体育服务体系构建中联系较少，缺乏部门间的联动，协同的"体医结合"政策机制也尚未建立。因此，在"健康中国"背景下，我们应加强老年人的体医结合与运动干预的研究与实践，加强医学和体育结合的理论、技术以及政策的创新性研究，促进医学与体育深层次、多维度融合，促进健康产业与体育产业对接，建立健全老年人体育服务的环境和医疗服务网络。

第六章 我国老年体育公共服务高质量供给的实施模式

一、理论基础

1. 供需均衡理论

政府作为公共部门，具有供给那些市场无法提供或提供不充分的公共产品的职能，以此达到弥补市场缺陷的目的。公共产品的特性在于，社会每一个公民都有获得它的权力，它的需求主体是公民，它的需求总量是社会公民需求量的总和。而政府公共产品供求的决定性因素造成了政府公共产品供求均衡的特有规律，并且，从长期看，政府提供的公共产品的供需总量应当是均衡的。当政府供给的公共产品与公民的公共产品需求大致相互符合时，政府公共产品供给与公民的公共产品需求达到结构均衡状态，但达到的这种结构均衡一般是暂时的与相对的。而很多时候，政府供给的公共产品不是公民所需要的，而公民需要的公共产品政府往往却没有提供，即供给与需求都是处于一种非均衡的状态。即使是一种失衡状态，它是受时间与空间范围限制的，是符合供需均衡理论的失衡。

2. 新公共管理理论

20 世纪 70 年代末，在世界各国政府的治理变革的时代背景下，公共服务渐渐演变成为政府的核心职能。然而，公共服务的政府供给与公民需求存在的矛盾仍然与日俱增。传统的公共行政模式已不能有效解决社会中出现的类似问题，社会的发展进步和公民的需求增长，亟需政府探索公共服务供给的新的手段与方法。新公共管理理论应时而出、应势而生。它以公共选择理论、新制度经济学等理论为基础，以强调市场机制的重要性为特征，以市场化与顾客导向为价值取向，展开了一场声势浩大的公共行政改革浪潮。美国著名的政府行政改革理论倡导者与实践者学者戴维·奥斯本与特德·盖布勒共同撰写的《改革政府——企业精神如何改革着公营部门》的著作中，提倡用企业家精神改革政府，并将新公共管理的核心归纳为"企业化政府理论"。提出必须改变现行的政府体制，实施政府再造。要从根本上提高政府的公共服务绩效，要遵守十项基本原则。

新公共管理理论主张将需要公共服务的公民作为公共部门的顾客，政府相当于企业。这样，政府在为公众提供公共服务时，既要考虑顾客的满意程度，服务是否经济而高效，又要顾及企业的服务成本。在供给公共服务的公共部门之间引入市场竞争机制，利用顾客自主权利的压力，迫使公共部门必须有效提高服务质量。但是，市场机制和竞争机制的引入，却容易引发其他问题。比如，顾客的范围如何界定，被政府的公共服务排除在外的公众如何对待。诸如此类，新公共管理过分强调公共服务的经济、效率与效益，往往忽视了公共服务的公平性，引发了新一轮的总结与反思。

3. 新公共服务理论

基于对新公共管理理论的反思尤其是对企业家政府理论缺陷的批判，美国著名公共行政学家罗伯特·B·登哈特提出了新公共服务理论。所谓"新公共服务"，指的是关于公共行政在以公民为中心的治理系统中所扮演的角色的一套理论、一系列思想。新公共服务其实不是对公共服务追求经济、效率和效益等的排斥，但认为公共服务理所应当被置于由民主、社区和公共利益组成的体系之中。新公共服务理论主要包括以下七个方面的观点：①政府的职能是服务，而不是掌舵；②公共利益是目标而非副产品；③在思想上有战略性，在行动上要具有民主性；④为民服务，而不是为顾客服务；⑤责任并不简单，公务员所关注的不只是市场，他们还应该关注宪法法律、社区价值观、政治规范、职业标准以及公民利益；⑥重视人，而不只是重视生产率；⑦公民权和公共服务比企业家精神更重要。

新公共服务理论并不是要全盘否定新公共管理理论，而是要对新公共管理理论把持一种扬弃的态度，即发扬其精华，如引入市场、强调竞争，摒弃其糟粕，如否定企业家政府理论的固有缺陷。新公共服务理论与新公共管理理论既相联系又相区别，重点在于：第一，新公共服务理论强调以民为本，即关注公民的需求、尊重公民的利益诉求，鼓励公民履行公共责任，培养公民参与管理的能力。第二，新公共服务理论强调服务与责任意识，即定位政府的角色为引导者、服务者和监督者，政府在公共服务市场化改革中，除了应管理好自身的行政运作，还应采取适当的管制行为引导和控制市场化向更好的方向发展。总体上讲，新公共服务理论对新公共管理理论中的公共服务市场化主张表示赞同，但其在新公共管理理论的基础上，更关注公民的利益，更重视公共服务的实施效果，更突出政府的公共服务本质。

4. 帕累托改进理论

"帕累托改进（Pareto improvement）是指对在不使其他任何人境况变坏的情况下使一些人境况变好的资源进行重新配置"。假如某一群体有固定的、可分配的资源，在分配资源的过程中，从一种分配方式到另一种分配方式的变化过程中，在没有使任何人情况变坏的前提条件下，至少要使一个人变得更好，即帕累托改进。有3种途径可以实现帕累托改进：第一，资源的重新配置。第二，分工结构的调整。第三，制度的创新。而在这3种途径中，制度的选择创新是最重要的。因为一定的制度选择决定了分工结构的选择范围；分工结构次重要，一定的分工结构决定了资源配置的范围。因此，只有当制度、分工结构、资源配置三者都能达到最优状况时，才能实现全局帕累托最优。帕累托最优对于体育公共服务的供求关系的帕累托改进最大的启示就在于：公共服务的供给要最大限度地满足公民的需求偏好。但是，实现这一目标，一方面要求公民有意愿去表达自己的需求偏好，有畅通的渠道可以表达自己的需求偏好；另一方面要求政府有动机去供给公民需求的公共服务，并且有充足的财力能够支持供给。

二、系统思维模式

系统思维模式是从系统论的基本原理出发，从系统整体角度分析和把握系统的本质和规律的思维模式。系统思维模式是在现代科学的发展过程中形成的。它是20世纪40年代以来相继出现的包括系统论、信息论、控制论、图论、博弈论、决策理论、突变理论、协同论、混沌理论等汇集而成的系统思潮的产物。可以说系统思维变革了人们的思维方式，它首先在自然科学研究中得到广泛的应用，继而在20世纪90年代以后成为现代管理思维方式的主流。

作为一种全新的科学的思维方式，有两个基本出发点。一是将事物看成整体，避免孤立的、因果链式思考管理的对象。事实上，在管理的理论和实践中，主要运用逻辑分析的科学思维模式曾经取得了巨大的成功，但是，随着现代科学技术的发展和全球化经济的到来，组织管理所面临的系统越来越复杂，系统之间的相互作用和相互影响越来越重要，如果还运用传统的实证思维模式和科学思维模式来研究和实践组织的管理，就会按照孤立的、因果链式的模式来思考管理的对象，因而陷入"机械论"的困境。所以，将事物看成整体的系统思维的建立也反映了人类管理认知能力的深化。二是不同系统之间存在共同的原理。系统论的目标就是要一般地探讨各种不同系统之间的共同原理，无论这种系统是生物学的、物理学的，还是社会学的或管理学的，我们都可以恰当地定义系统概念，并进一步发现适合一般化系统的模型、原理和定律，而与系统的特定种类、元素等无关。不同领域的不同系统之间存在共同的原理这一思想可以说体现了系统论的核心思想。在系统思维模式中，我们也可以将一般系统论作为把握管理对象的最一般的形式、结构和规律的工具，从而解决老年体育公共服务供给所面临的越来越复杂，处于多个非线性系统相互作用关系下的管理问题。系统思维模式主要包括系统整体性思维模式、系统结构性思维模式和系统控制性思维模式三个层次。三个层次交相辉映，层次递进，结构严谨，共同构成完整的系统思维模式。

三、"整-分-合"推进模式

一是"整"，即系统整体性思维模式。系统构成一个整体后，从系统整体上而不是从系统各个部分元素上进行思维。任何系统都是一个有机的整体，它不是各个部分的机械组合或简单相加，整体性的核心在于认为系统大于各个部分之总和。整体性并非对构成系统的部分或元素之间的关系不感兴趣，而是把将兴趣集中在如何产生和如何维持整体上。具体来说就是统一思想、整体布局、统筹推进。就老年体育公共服务供给来讲，就是要明确其指导思想和价值理念，确立工作开展的指导原则和工作导向，在此基础上设计好老年体育公共服务供给的具体路径和体制机制，形成从思想意识，到具体内容，再到运作方式的有机整体。

二是"分"，即系统结构性思维模式。是从系统内部各部分元素的相互关系上进行思维。不一定要求我们掌握每一个问题的细节和全部的资料，相反，只要把握了事物在不同层次上的结构、内在的特征和主要的接点之间的关系，那么，我们对事物就有比较明确的把握。它强调的是分析问题的结构以及结构性解决问题。因此，在系统性结构性思维中，系统的同构性思维占有重要地位，也就是要寻找共同点，表现为不同领域中的各种系统间在结构上的相似性。在老年体育公共服务供给的组织环境分析中，三类组织在服务对象、管理目标和管理方法上，都表现出了一致的同构性。服务对象上，各级老龄委和各级老年人体育协会都是直接服务老年群体，各级体育行政部分服务对象都包含老年群体；管理目标上，都是通过做好老龄事业，提升老年人健康水平，实现全民幸福；管理方法上，主要通过行政管理方法、法律法规方法、宣传教育方法等研制老年体育工作的方针、政策和规划。这些关键出发点，为老年体育公共服务高质量发展的指导思想和价值理念的确立奠定了组织基础。同时，老年体育公共服务高质量供给是一个渐进的过程，受多种因素相互制约。按照作用不同可以分为动力要素、政策要素和支持要素。动力要素是推动，涉及不同组织、系统之间的协同。政策要素是指导，通过决策层面、管理层面和操作层面来具体实现。支持要素是基础，包括政策供给、组织布局、活动开展、人才支撑、资金投入等方面，是开展老年体育工作的具体实施。在构建发展模式时，要结合实际进行全要素提升，充分发挥各要素之间的协调和促进作用，为老年体育公共服务的发展实施提供组织保障。同样，在此基础上，构建老年体育公共服务发展模式，也需要从系统的各部分元素的相互关系上进行系统结构性思维，牢牢把握各部分元素层次结构、内在特征和衔接要点的逻辑性。围绕老年体育公共服务高质量供给这一核心要素，设计好老年体育工作的基本发展格局、运行保障措施、考评激励机制等结构性要素。

三是"合"，即系统控制性思维模式。就是通过规范系统的机构设置、权限划分、隶属关系以及联系系统各个组成部分的运作方式等，来实现对系统各结构有效整合、动态控制的思维。一个在最佳状态下运行着的动态控制系统，在变化不定的外在环境影响下，要使自身适应外在环境的变化，达到或者保持系统与环境的相对统一，就必须强化系统内部的控制和调节作用，在动态中寻求优化，进而更为有效地控制。在此思维模式下，就必须对老年体育公共服务发展的管理体制和运行机制进行优化和完善，以便使系统各部分在"分"架构上，得到有效融合，从而对系统形成动态控制，以保证老年公共服务供给的可操作性和可持续性发展。

四、实施模式

明确老年体育公共服务高质量供给的现实逻辑，旨在回答"是什么"与"为什么"的问题，实践中，从高质量发展的政策设计，到组织实施，最终立足点是"怎么办"，即老年体育公共服务高质量供给的实施模式。实施模式是高质量发展的具体方式，是理论与实践之间的中介环节。从本质上讲，实施模式有若干方法模块的不同组合，根据老年体育公共服务发展规律，应从宏观发展到微观运营的双向视角进行整体布局，局部突破。

系统思维模式供给告诉我们，要从整体上把握系统的目标和所需的条件以及所处的环境，从整体着眼，局部着手，统筹考虑，最终形成统筹兼顾、局部合理、层次分明、相互融合的统一体，以充分发挥系统的优越性。根据老年体育公共服务供给的现实基础和发展规律，参考国外服务供给的实践经验，在系统理论指导下，按照"整-分-合"运行机理，将老年体育公共服务高质量供给的实施模式解构为控制、结构、技术和环境4个维度（图6-1）。控制维度是宏观把控，是从思想、政策和供给主体3个层面对老年体育公共服务高质量供给的顶层设计，以价值理念为思想基础，以政策法规为根本保障，以政府、社会、市场和家庭间的供给分配方式为供给主体架构。结构维度、技术维度和环境维度是微观运营，是老年体育公共服务高质量供给的操作方式。结构维度是供给内容架构，是供给服务基础内容的构建方式，涵盖发展基础、支撑保障和考核评价3个模块。其中发展基础是基本条件，包括组织供给、场地供给和活动供给3个基础领域。支撑保障是发展条件，从人力、经费、宣教、创新4个层面对发展基础提供必要支撑和供给拓展。考核评价是激励条件，对发展基础和支撑保障进行量化考核。3个模块形成"基础-发展-考评"系统性闭合循环。技术维度是运作方式，是对供给内容架构3个模块深度发展的具体要求，涉及供给服务的功能实现和高质量发展的延伸策略。环境维度是融合方式，是对供给实施的有效整合和动态控制，是供给服务高质量发展的体制保证和机制保障。现阶段，老年体育公共服务高质量供给应在实施模式的框架下，从宏观到微观，按照控制、结构、技术、环境4个维度布局，统筹规划，协同推进。

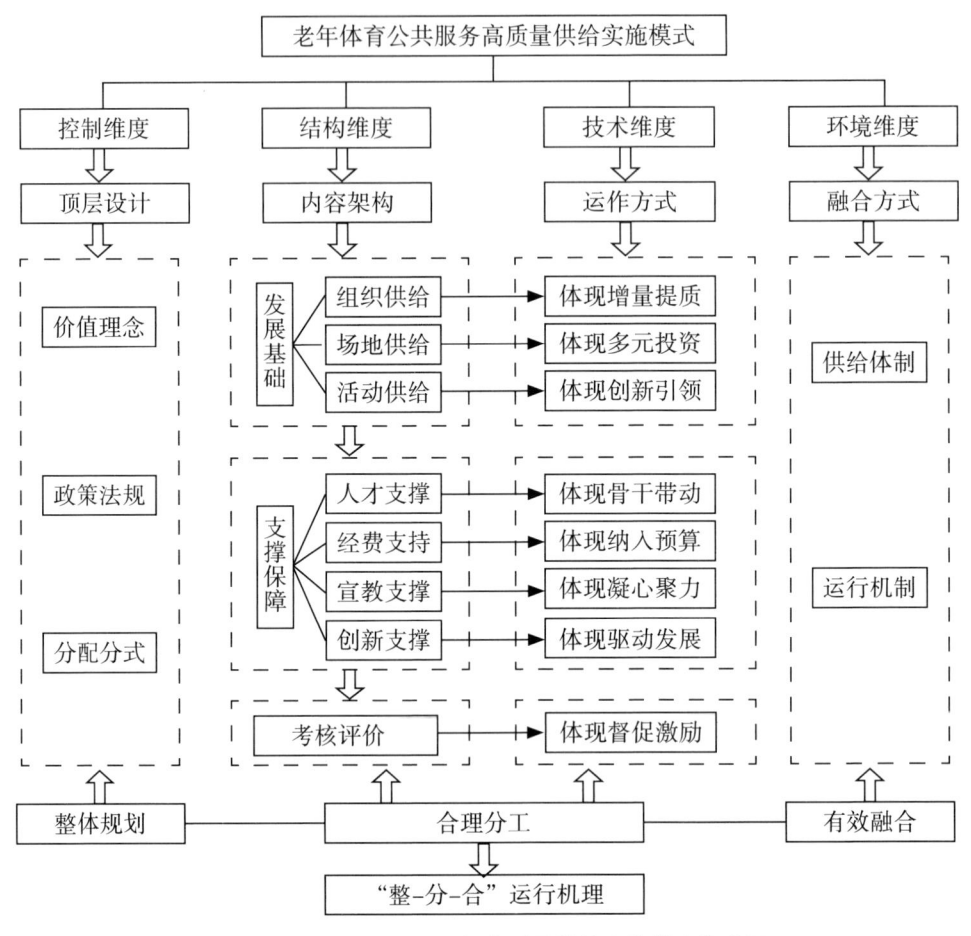

图6-1 老年体育公共服务高质量供给实施模式构建图

第七章　我国老年体育公共服务高质量供给的策略研判

随着老龄人口数量的日趋庞大和老年人健身健康需求规模的不断增大，系统性的应对策略是实现老年体育公共服务高质量供给，积极应对老龄化的重要保障。按照控制、结构、技术、环境4个维度的发展要求，首先，应做好顶层设计，对高质量供给进行宏观把控。其次，要明确供给服务的内容架构，按照"发展基础-支撑保障-考核评价"形成系统性闭合循环，确保供给服务得到良性发展。最后，在顶层设计和内容架构发展基础上实现优化提升，营造高效的体制机制运行环境，最终实现老年体育公共服务高质量供给的良性发展目的。

一、宏观控制策略

（一）树立供给价值理念

长期以来，一些地方政府对老年体育工作重视程度不够，老年体育基本公共服务供给缺失，体育健身对社会发展的多元功能被淡化。没有意识到体育对增强老年人体质、提高健康水平、丰富精神文化生活的积极作用，没有明确和重视老年体育公共服务供给的价值理念。为此，需要确立供给工作的指导原则和工作导向，以解决老年体育公共服务供给的认识障碍。指导原则务必能够解决老年体育公共服务供给的发展方向、发展依据和发展动力问题。在发展方向上，要始终坚持习近平总书记关于发展体育事业的系列重要论述为出发点，在发展依据上，要始终坚持学习和运用党和国家关于老龄工作和老年体育工作的法规、政策和条例，在发展动力上，要始终坚持参与和探索"大群体观"的发展实践。

工作导向是工作的导引方向，是开展各项工作的着力点和落脚点，做好老年体育公共服务供给工作必须确立正确的工作导向。具体要体现"三个融入"，即将供给服务融入全面建成小康社会中，融入建设健康中国国家战略中，融入实现中华民族伟大复兴的中国梦中。中国梦内涵丰富、意蕴深远。本质是国家富强、民族振兴、人民幸福。人民是中国梦的主体，是中国梦的创造者和享有者。随着老龄化社会进程的不断加剧，老龄问题已成为实现中华民族伟大复兴的中国梦和中国共产党实现"两个一百年"奋斗目标必须要面对和处理好的现实问题。老年体育公共服务供给工作是老龄工作的重要组成部分，也是群众体育工作的主要内容。积极开展老年人体育活动，是社会和谐和文明进步的重要标志，是应对人口老龄化，实现积极老龄化和健康老龄化的重要途径，也是中华民族伟大复兴的中国梦的重要体现。老年人健康是老年体育公共服务供给工作的出发点，老年人美好的生活是中国梦的重要内容，是国家富强、民族振兴和人民幸福的重要体现，是国家利益、民族利益和每个人具体利益的重要载体，是国家情怀、民族情怀和人民情怀的中华民族固有的家国情怀。"三个融入"的工作导向可以有效增强老年体育工作者的历史使命感和工作责任感，从而形成推进老年体育公共服务高质量供给创新发展、转型发展、务实发展的正能量。

（二）完善供给政策体系

围绕贯彻落实中共中央、国务院《国家积极应对人口老龄化中长期规划》，新修订的《中华人民共和国老年人权益保障法》《全民健身条例》《全民健身计划（2016—2020）》、国务院办公厅《体育强国建设纲要》《关于加强全民健身场地设施建设发展群众体育的意见》、国家12部委《新形势下加强老年体育工作的意见》等政策法规，形成纵横交错的老年体育公共服务政策法规体系。横向上：要突破行业壁垒，体育、财政、民政、住建、宣传等部门要在各自行业内，形成自上而下支持老年体育事业发展的政策法规体系和具体落实方案。纵向上：各级政府、老年体育主管部门、各行业系统，要出台配套政策和具体实施办法，使得各项工作能够落地执行，并加强对政策法规的执行效果进行评估考核。

【理论拓展】

河南省老年体育工作政策覆盖工程

近年来,河南省老年体育发展迅速,呈现出良好态势。2016年8月,党中央、国务院在北京召开了全国卫生与健康大会,会议印发了河南省以《凝神聚力克难攻坚努力推进河南老年体育事业创新发展》为题的书面交流材料,在全国引起强烈反响。同年12月,在河南省卫生与健康大会上又作为重点书面材料印发,做大会交流学习。2017年2月,在河南省焦作市举行的全国老年体育协会工作会上,中国老年人体育协会及与会的各省市、自治区代表考察和学习了河南经验后,纷纷表示,河南省老年体育工作在全国已处于引领地位。2017年第三届全国老年人体育健身大会上,更是取得优异成绩,不仅在最具交流和展示水平的优胜项目角逐中,获得113个优胜奖,位列各代表团第一名,而且全部12个大项均获得了体育道德风尚奖,取得了展示交流和精神文明双丰收,呈现了老年人健康向上的精神风貌,得到了河南省政府的表彰通报,为全民健身国家战略和健康中原战略争了光添了彩。梳理工程,总结经验,河南省年体育工作的快速发展,其纵横交错的政策工程起到了至关重要的作用。

根据《中华人民共和国老年人权益保障法》《中华人民共和国体育法》《全民健身条例》《全民健身计划(2011—2015)》《中国老龄事业发展"十二五"规划》等法律法规的有关规定,结合中组部、中宣部、国家体育总局等16部委《关于进一步加强老年文化建设的意见》。2013年9月2日,经省委省政府同意,省委办公厅、省政府办公厅印发《关于加强老年人体育工作的意见》(厅文〔2013〕25号)(以下简称《意见》)。《意见》从省老年体育工作的实际出发,以党的十八大和习近平总书记关于体育工作的一系列重要讲话精神为指引,以党的有关规定和国家有关法律法规为依据,以推进"积极老龄化、健康老龄化"为主旨,深刻阐述了加强老年体育工作的重要意义,明确了新形势下发展老年体育事业的重点工作和保障措施,为老年体育事业的发展提供了政策支持。《意见》下发后,省体育局于当年10月带头出台了《关于贯彻落实〈省委办公厅 省政府办公厅关于加强老年人体育工作的意见〉工作的通知》(豫体〔2013〕99号)。省委宣传部、省体育局联合出台了《关于加强老年体育宣传教育工作的意见》（豫宣〔2013〕56号）。省住建厅出台了《关于贯彻落实〈中共河南省委办公厅 河南省政府办公厅关于加强老年人体育工作的意见〉的实施意见》（豫建〔2013〕159号）。省财政厅、省国家税务局、省地方税务局、省民政厅联合印发《关于公布2013年度具有公益性捐赠税前和扣除资格的公益性社会团体和基金会名单的通知》，批准省老年人体育协会具有公益性捐赠税前扣除资格。截至2013年底，全省18个省辖市、10个直管县（市）均从本地实际出发，制定了贯彻省委、省政府两办《意见》的实施意见。从而形成了从纵横交错的多部门、多渠道支持老年体育事业发展的良好局面（图7-1）。

```
┌─────────────────────────────────────────────────────────────────┐
│                          政策依据                                 │
│ 法律、法规：《中华人民共和国老年人权益保障法》《中华人民共和国体育法》│
│ 《全民健身条例》                                                  │
│ 国务院印发《全民健身计划（2011—2015）》《中国老龄事业发展"十二五"规划》│
│ 中组部、中宣部、国家体育总局等16部委联合印发《关于进一步加强老年文化建设的意见》│
└─────────────────────────────────────────────────────────────────┘

┌─────────────────────────────────────────────────────────────────┐
│                          政策出台                                 │
│ 河南省委办公厅、省政府办公厅《关于加强老年人体育工作的意见》（厅文〔2013〕25号）│
└─────────────────────────────────────────────────────────────────┘
           │  横向          │           │  横向        │
           ▼                ▼           ▼              ▼
    ┌──────────┐  ┌──────────────┐  ┌────────┐  ┌──────────────┐
    │ 省体育局  │  │省委宣传部、    │  │省住建厅 │  │省财政厅、省国家│
    │          │  │省体育局        │  │        │  │税务局、省地方 │
    │          │  │                │  │        │  │税务局、省民政厅│
    └──────────┘  └──────────────┘  └────────┘  └──────────────┘
                              纵向
    ┌──────────┐  ┌──────────────┐  ┌────────┐  ┌──────────────┐
    │《关于贯彻 │  │联合印发        │  │《关于贯 │  │联合印发通知   │
    │落实〈省委 │  │《关于加强老年  │  │彻落实  │  │批准省老年人体 │
    │办公厅省政 │  │体育宣传教育工  │  │〈中共河 │  │育协会具有公益 │
    │府办公厅关 │  │作的意见》      │  │南省委办 │  │性捐赠税前扣除 │
    │于加强老年 │  │（豫宣〔2013〕  │  │公厅河南 │  │资格           │
    │人体育工作 │  │56号）          │  │省政府办 │  │              │
    │的意见〉工 │  │                │  │公厅关于 │  │              │
    │作的通知》 │  │                │  │加强老年 │  │              │
    │（豫体     │  │                │  │人体育工 │  │              │
    │〔2013〕99 │  │                │  │作的意见 │  │              │
    │号）       │  │                │  │〉的实施 │  │              │
    │          │  │                │  │意见》   │  │              │
    │          │  │                │  │（豫建   │  │              │
    │          │  │                │  │〔2013〕 │  │              │
    │          │  │                │  │159号）  │  │              │
    └──────────┘  └──────────────┘  └────────┘  └──────────────┘
                              │
                              ▼
    ┌─────────────────────────────────────────────────────────┐
    │ 18个省直辖市分别出台贯彻省委、省政府两办《意见》的实施意见 │
    │ 10个直管县（市）分别出台贯彻省委、省政府两办《意见》的实施意见│
    └─────────────────────────────────────────────────────────┘
```

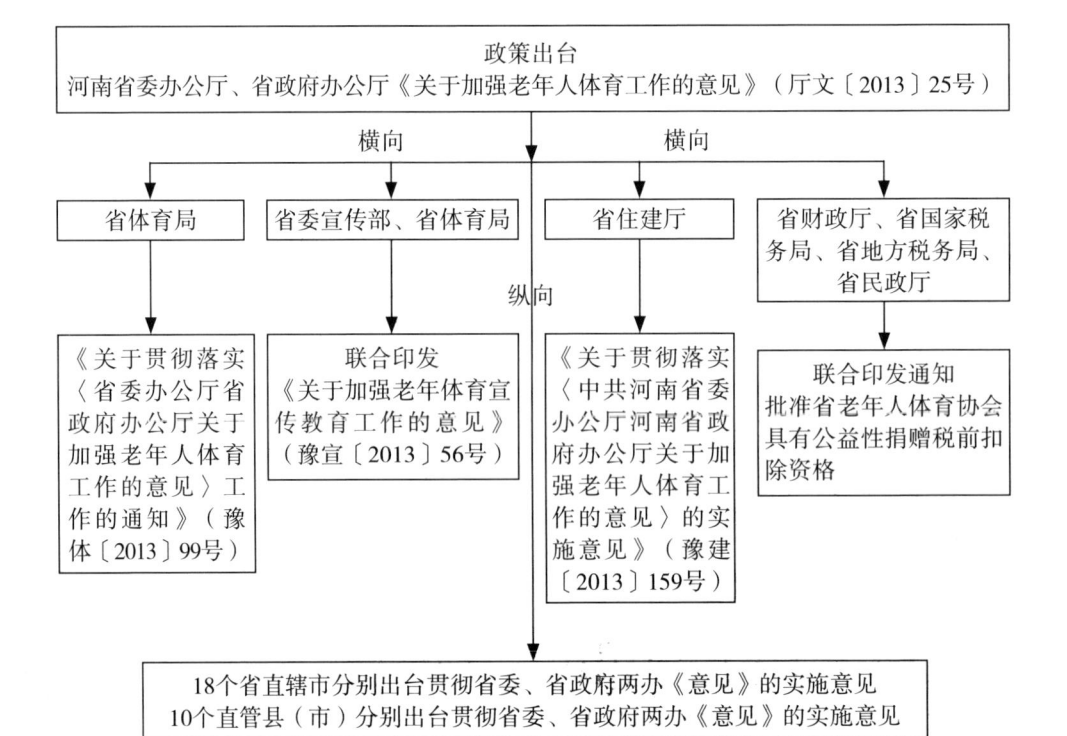

图7-1　河南省老年体育工作政策供给图
（资料来源：河南省老年人体育协会官网）

（三）确立供给主体架构

确立政府、社会、市场、家庭四方协同治理供给主体架构。各供给主体之间打破"条块分割"的传统框架，从传统的科层管理、自主管理、市场管理转向政府、家庭、社会、市场协同供给。其中政府是主导力量，在供给主体结构中占据核心地位。这是因为，目前我国的社会组织和市场组织还不够成熟，老年体育社会服务体系基础薄弱，他们无法担当和有效满足规模庞大且逐年增长的老年体育公共服务需求；社会组织是辅助力量，在供给主体结构中是主要参与者。社会组织主要依赖社会公共精神和公共道德意识激发公共服务活力，利用信息优势和社会资本加强与政府合作，并通过社会公益形象弥补政府、市场、家庭等在供给主体中的不足；市场组织是补充力量，在供给主体结构中是主要资助者。通过专业服务和方式灵活的市场优势，承接政府及社会组织购买服务的商机，在老年人健身健康领域提供优质的公共服务，以获取更多的投融资机会，通过市场的手段做好老年体育公共服务高质量供给的有益补充；家庭是供给服务的承担者，在供给主体中处于基础地位。家庭单位要牢固树立体育能够有效促进健康的观念，积极主动组织家庭成员之间，家庭与家庭之间，开展体育锻炼活动，形成全民健身、全民健康的良好社会氛围。

各主体间既相对独立又相互联系，以政府主体为中心的任意三方，均能构成稳定的供给结构。当其中某一主体的功能失效而无法担当责任时，其他两个主体通过协商和沟通，均能实现服务供给。老年体育公共服务各主体，通过明确各自的位置角色、权益边界，向老年群体提供优质的老年体育公共服务（图7-2、表7-1）。

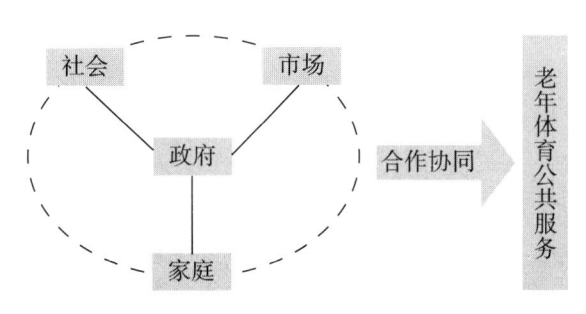

图7-2 老年体育公共服务供给主体架构协作模型

表7-1　我国老年体育公共服务供给主体架构关系

	政府	社会	市场	家庭
角色	管理主导者	参与辅助者	资助补充者	基础承担者
结构特征	层级结构	自组织结构	市场导向	代际结构
行为逻辑	行政人	公共人	经济人	家庭亲人
行为目标	公共均等	社会责任	获取利润	感恩孝顺
行为驱动	权威命令	公共精神	利益激励	血缘亲情

二、良性发展策略

（一）明确供给内容布局架构

按照系统思维模式要求和老年体育公共服务发展现实明确供给内容的布局架构（图7-3）。

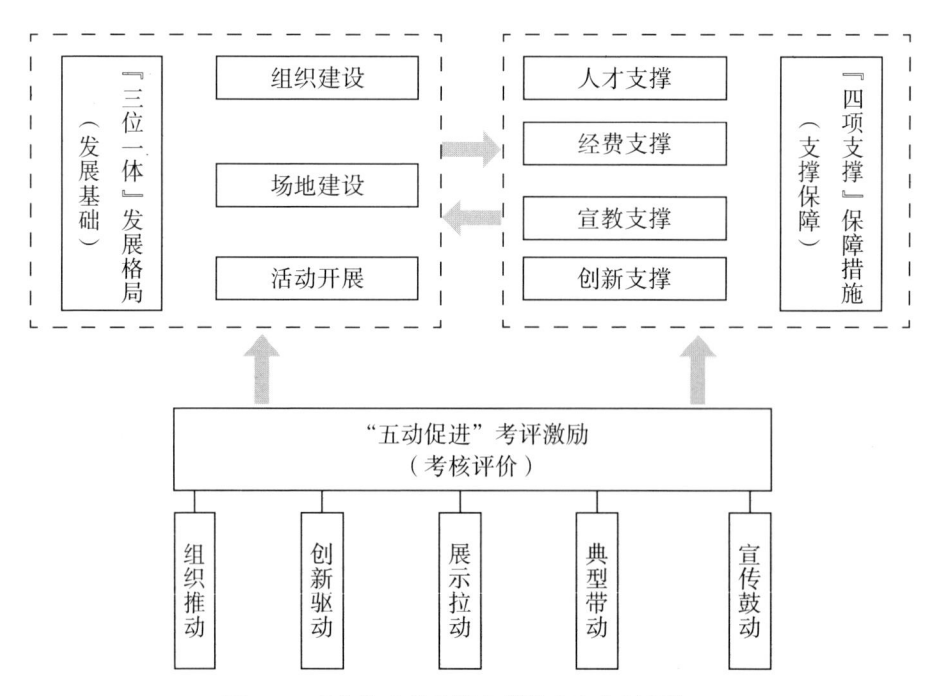

图7-3　老年体育公共服务供给内容布局架构

首先要确立发展基础，即形成以组织建设、场地建设、活动开展为核心的"三位一体"发展格局。建立健全组织网络是实施供给的重要前提和关键环节，要充分发挥政府、社会、市场、家庭供给主体作用，鼓励发展多种类型的老年人体育组织，满足老年人的不同健身需要。场地设施建设是开展供给服务的必要条件和重要保障。活动开展涵盖赛事活动、健身活动、展示交流活动等，是供给服务的主要形式。

其次要做好支撑保障，即形成以人才支撑、经费支撑、宣教支撑、创新支撑为重点的"四项支撑"保障举措。人才支撑涵盖老年体育组织管理人员、老年人社会体育指导员、健身项目教练员、裁判员等骨干队伍。经费支撑要坚持财政投入为主，社会赞助为辅，来源多渠道、多元化。宣教支撑要有利于形成老年人参加体育锻炼的氛围，提高健身意识，激发健身热情。创新支撑是关键，需要在组织建设、活动开展、场地设施、人才建设、经费支持、宣传教育等方面，通过形式、内容、方法等多种手段推进供给服务高效完成。

最后要实施考核评价，即形成以组织推动、创新驱动、展示拉动、典型带动、宣传鼓动为抓手的"五动促进"考评激励。具体为：组织成果考评，包括人员配备、经费机制、工作制度等。展示成果考评，包括参加的各类活动情况，组织的各类活动情况，常态化的活动情况等。创新成果考评，包括工作创新、项目创新、方式创新等。典型成果考评，包括培养典型、宣传典型、奖励典型等。宣教成果考评，包括宣传队伍、宣传力度、宣传阵地等。

（二）形成供给内容闭合体系

"三位一体"是发展基础，是发展老年体育公共服务高质量供给的3个最基本要素。从国家各级政府印发的"关于加强老年人体育工作"的政策文件来看，都是将"建立健全老年人体育组织网络""加强适合老年人体育健身的场地设施建设和使用""广泛开展老年人体育健身活动"这3个基本面作为实现老年体育公共服务有效供给的3个基本点。在进行实地调研时，各地老年体育主管部门也都将"组织建设、场地建设、活动开展"作为开展供给服务的最基本内容。

"四项支撑"是条件保障,分别从人力、经费、宣教以及创新4个层面对3个基本内容提供必要支撑。目前老年体育工作最大的困难就是组织建设缺人才,场地建设缺经费,健身指导缺宣教,活动开展缺创新。"四项支撑"保障措施为"三位一体"发展格局提供了必要的发展支撑。

"五动促进"是考核评价。是从组织成果、展示成果、创新成果、典型成果、宣教成果5个方面对"三位一体"和"四项支撑"的量化考核。"五动促进"保证了"三位一体"的事业基础和"四项支撑"的具体措施,是二者的具体形式和内容导向。"三四五"供给布局形成了"发展基础-支撑保障-考核评价"系统完整、逻辑清晰的闭合体系。

三、优化提升策略

(一)发展基础要突破基本保障要求

一是组织建设能够体现增量提质要求。建立健全老年人体育组织网络是加强老年体育公共服务高质量供给工作的重要前提和关键,组织网络建设是"三位一体"发展格局的基础环节。要鼓励发展多种类型的老年人体育组织,满足老年人的不同健身需要。要鼓励、支持老年人体育组织自上而下延伸,县以上地区都要在民政部门依法登记成立老年人体育协会,在街道和乡镇普遍建立老年人基层文化体育组织,在城乡社区广泛建立老年人健身活动站点和体育健身团队,逐步形成并完善老年人体育组织网络。要加强对老年人体育组织的服务和引导,按照政社分开、管办分离的原则,切实帮助解决人、财、物和科学健身指导等方面的问题,提供办公和开展体育健身活动保障,保持人员队伍的稳定和活力,使老年人体育组织有人想事、管事、做事。

在我国,各级老年人体育协会是政府以外最主要的老年体育公共服务供给组织。要引导、支持各级老年人体协加强自身建设,健全工作机构,规范退(离)休领导干部在老年人体协兼职行为,聘用熟悉体育工作、组织协调能力较强的人员从事日常事务,不断提高老年人体协"自我发展、自我管理、自我服务、自律规范"的能力,增强吸引力、凝聚力,始终保持生机与活力。在增加数量扩大范围的同时，务必将提高质量放在第一位，坚决防止和重点解决只挂牌子、不作为的空壳现象。重点做好以下几点：第一是配好领导班子及工作人员，工作人员可采取专、兼、聘等方式；第二是组织任务要具体，要把推进老年人体育工作纳入国民经济和社会发展总体规划、基本公共服务体系规划、老龄事业发展规划和全民健身实施计划四个规划当中，以解决老年人体育事业的社会地位问题；第三是组织内部规章制度要规范，能够形成工作计划、工作推进、工作落实和检查评估的封闭循环制度体系。

二是场地设施建设能够体现多元投资要求。健身场地设施是老年人开展体育健身活动的必要条件和重要保障。要根据《公共文化体育设施条例》，将适合老年人体育健身的场地设施纳入体育健身圈建设内容，不断健全适合老年人体育健身的场地设施设计和施工规范以及技术要求等标准；要按照均衡配置、规模适当、功能优先、经济适用、节能环保的原则，根据当地经济发展状况、老年人数量和分布、地域特点以及体育健身习惯等因素，将适合老年人体育健身的场地设施建设纳入规划，因地制宜地与其他服务老年人的场地设施建设项目统筹安排；要拓宽适合老年人体育健身的场地设施建设和运行管理的投融资渠道，实现场地设施多元投资建设。各级政府财政预算和投资计划中，要将适合老年人健身的基本公共体育场地设施建设明确列出；使用彩票公益金建设的"全民健身工程"要能够充分融入老年人健身功能，配置相关体育器材；要支持企事业单位、社会组织、个人等，通过捐赠、赞助等多种形式助力老年体育场地建设；要鼓励政府和社会资本结合，探索适合老年人体育健身的场地设施建设模式，通过政府购买服务、政府财政补助等方式，为公共和民办体育场地设施免费或低收费向老年人开放打通渠道；要充分发挥现有资源，将适宜的旧厂房、仓库、老旧商业设施定向改造，用于为老年人体育健身使用；要整合资源，加强社区公共体育场地设施与社区综合服务设施及社区卫生、文化、养老等社区专项服务设施的功能衔接，提高使用率，发挥综合效益。机关、企事业单位和社会团体内部的体育场地设施要为老年人参加体育健身活动提供便利和服务。公园、广场、绿地等公共场所要为老年人体育健身活动站点和体育健身团队开展活动创造条件。已有的老年人体育健身活动场地设施不得擅自改变用途，并加强管理和维护，确保其功能完好、使用安全，不被侵占、破坏。

【理论拓展】

多策并举，砥砺奋进，着力破解老年健身场地瓶颈

2014年以来，在省委、省政府的正确领导下，在省体育局的大力支持下，省老体协坚持学习贯彻习近平总书记关于加强体育工作的一系列重要论述，坚持以人民为中心的发展理念，多策并举，砥砺奋进，着力解决老年健身场地瓶颈。近几年，我们以加强老年体育场地建设为重点，奋力创造条件为老年人健身服务，全省共投入场地建设资金3.81亿元，已规划建设老年健身场地243个，有效地缓解了群众健身难的问题。主要做法是：

一、坚持科学规划，走持续求进之路

河南老年体育场地建设，是从省体育局2014年实施创建5个全民健身场地示范市、10个全民健身场地示范县、40个全民健身场地示范点和2个全民健身场地重点示范工程开始的。在创建活动中，省老体协承担了40个全民健身场地示范点的建设任务，省投资金2400万元；另投300万元建设了5个美丽乡村健身场地；投入2500万元建设了4个重点工程。在此基础上，从2015年起，省体育局每年都专项安排老年体育场地建设经费3000万元，做到了老年健身场地年年有项目，年年有资金，年年有发展。许多老年群众对省里加快健身场地建设表示满意，普遍认为，这是真正的民心工程，为老年人健身办了好事、实事，体现了对老年健身的支持和关爱。

二、坚持多策并举，走多元投资之路

场地建设必须以资金为支撑，在解决资金问题上，我们坚持政府投入为主、社会投入为辅，积极鼓励和支持企业和个人投入，走多元投资之路。2014—2016年，全省共投入场地建设资金3.17亿元，其中省投资金1.48亿元，占总投资的46.6%，地方政府、企业和个人共投资1.69亿元，占总投资的53.4%。2017年，经省老年人体育协会规划建设的老年健身场地共37个，总投资6440万元，其中省投3000万元，地方投资3440万元。走多元投资的正确方向，促进了老年体育场地建设的提速效应。新密市牛店镇金泽苑社区共建有居民楼48栋，目前入住村民4000多人，60岁以上的老年人1200多人。该社区在建设规划中就包括了文体活动场地。为了在城乡社区建设中树立样板，省老体协投资金150万

元，当地企业投入资金530万元，仅用8个月的时间就完成了占地30亩、具有12种健身功能的老年健康主题公园的建设任务，现在成为周边群众健身的广场、休闲娱乐的平台，也成了一些社区学习的样板。

三、坚持面向基层，走强基为民之路

强基就是强化基层基础工作，为民就是为群众建设全民健身、老年健身场地。这是坚持以人民为中心的理念，把场地建设建在群众身边的新探索和实践。我们坚持了建设老年健身场地"三倾斜"的原则，即向城市公园、绿地倾斜，向乡镇、街道和城市社区、农村倾斜，向可利用的旧厂房、城市"金边银角"倾斜。近几年，老年健身场地设施进公园的有安阳市易园、焦作市月季公园、开封市汴京公园等共26个；利用旧厂房拆迁改造的机会，建设了安阳林州东岗镇文体活动中心、焦作解放区电建社区老年活动中心等老年健身场地8个；开辟荒山荒地、清除垃圾堆、回填废弃坑塘等建设了三门峡灵宝市豫灵镇文峪村、洛阳市孟津县油坊村和嵩县大坪镇等老年健身场地17个。在这些项目中，投资额度最高的是安阳林州东岗镇，达700万元，他们在省政府支持下，拆除了2个污染企业，腾出20多亩土地，建成了14种功能的全民健身、老年健身文体活动广场，成为全乡25个行政村和周边一些乡镇广大群众参与健身活动的好去处，成为节庆、假日和清晨、傍晚群众健身的乐园。

四、坚持围绕中心，走服务大局之路

场地建设是制约老年体育事业发展的瓶颈。为了解决这一问题，我们提出了围绕中心、服务大局、拓展老年体育场地建设空间的发展思路，着力打造人口密集区的建设场地。在省委、省政府推进新型城镇化建设中，我们勇于担当，多做工作，积极围绕经济社会发展的大局，推进老年体育场地建设。据统计，在近年来建设的243个场地项目中，为县市增加体育健身功能而投入的达37个。开封是八朝古都、史之名城，文化底蕴深厚，开封市委、市政府探索文化+体育的路子，向着文化、体育、旅游、休闲相结合的方向发展，是开封市发展的具有特色的城市名片。从2015年到2017年4月，我们抓住这一有利时机，主动和开封市有关部门联系、沟通、协商，在市委、市政府的支持下，双方投资1500万元对开封市古老的汴京公园进行了改扩建，增加了14种体育健身功能，使之成为开封市老年人健身活动中心，每天有近万人次到此健身。接着，我们又抓住开封市古城墙改造之机，在城墙之外拆除了一些无规划的小市场，腾出

40亩土地，双方共同投资900万元，只用一年的时间，就打造了一处融生态、健身于一体的古城体育公园。今年5月开园以来，备受群众的赞扬，大家说：拆掉杂乱的小市场，建设健身场地，是真正的民心工程！

五、坚持"3+X"模式，走创新发展之路

在老年健身场地建设过程中，我们坚持以"为民便民利民"的宗旨，注重在人口密集区建设场地，并坚持"3+X"的建设模式。"3"是健身广场、健身步道、健身路径，"X"是根据健身场地面积的大小，可增加3到10种以上其他健身功能。在已建和在建的243个全民健身和老年健身示范场地中，我们基本上贯彻了"3+X"的做法。在规划中，坚持从实际出发，采取大、中、小型相结合的场地健身导向，更好地为老年人提供健身服务。场地小的一两亩，大的三四十亩，充分利用群众身边土地资源，建设综合、实用的健身场地。4年来，全省总投资在500万元以上的大型场地共19个，占7.8%，100~500万元的中型场地58个，占23.9%，100万元以下166个，占68.3%。这一结构体现了"3+X"的做法，扩大了为老年健身服务的空间。

六、坚持从严要求，走增量提质之路

在老年人健身场地建设的实践工作中，我们不断分析工作中存在的这样和那样的问题，采取积极措施，认真加以解决，提高场地建设的有效利用效率和质量。具体做法是，在调查研究的基础上，经过认真分析，从实践中总结正反两方面的经验和教训，制定了《河南省老年体育场地设施建设指导规范》，明确了场地建设应遵循的三条基本原则，严格六项工作流程和四项保障措施，把日常工作中的有益做法上升为常态化的管理机制，确保了场地建设的规范化和制度化。在此基础上，我们因地制宜，对项目承接单位实施了项目承诺责任制。由省老体协和项目承接单位、所在地体育局、老体协共同签订项目承诺书，保障了场地建设的顺利实施。

（资料来源：河南省老年人体育协会《夕阳灿烂》，2018年第6期。）

三是活动开展能够体现创新引领要求。活动开展是引领，是"三位一体"发展格局的关键环节，也是供给服务最直接的外在表现形式。在活动开展上，要坚持传统项目抓普及，创新项目抓推广，特色项目抓展示，不断拓展老年健身活动的空间，丰富老年健身活动的内容。重点做好下列方面：第一是要积极组织队伍，参加重要赛事健身活动，以赛事活动引领日常活动。第二是要办好重大节假日主题活动，以节日活动烘托日常活动。第三是要坚持活动常态化，以常态化活动充实日常活动。要适应新形势，在推进活动发展上有新思路、新举措，开创老年体育公共服务活动供给新局面。第四是要积极为老年人开展体育赛事活动提供服务保障，并通过市场机制引入社会力量承办赛事；要定期举办全国性和区域性老年人体育健身活动，并逐步形成传统和制度，使之成为具有示范性的全民健身活动。要积极引导老年人健康、文明、有序地开展广场舞活动，将广场舞纳入文化、体育部门的重要工作内容，采取划片指导、结对帮扶、公益培训、展演展示等多种方式，探索规范老年人广场舞活动的模式；体育部门要建立老年人体育健身志愿服务长效化工作机制，结合开展"三关爱"志愿服务活动，广泛组织社会体育指导员、体育科技工作者、体育院校师生、体育运动队等到基层为老年人送服务、送温暖、送健康，并加强对空巢老人、残障老人的体育健身服务。第五是要加强老年人体育健身方法的研究和体育健身活动的指导，举办体育健身培训讲座和健身指导咨询等，普及体育健身知识、传授体育健身技能；要不断挖掘整理、普及推广适合老年人特点，简便易行、科学、文明、有效的体育健身方法，根据老年人需求特点创编具有文化艺术内涵、体现科学健身理念、符合群众审美特点的广场舞作品，开展原创作品征集评选，特别是保健娱乐类项目，满足不同年龄、性别、爱好和健康程度老年人体育健身的多样化需要；要引导、支持老年人体育组织培育形成具有民族、民间传统特色的体育健身项目和示范队伍，推动老年人体育健身项目的传承和普及发展。

（二）支撑保障要满足高质发展要求

一是经费保障能够体现纳入预算要求。第一要能够形成资金投入长效机制，确保老年体育发展经费纳入当地财政预算。各级政府每年能够明确列出老年体育事业经费，并随国民经济的发展和财政收入增长，逐年增加。除此之外，每年还要按照本级体彩公益金用于全民健身资金的一定比例，拨付老年体育事业使用；第二能够形成合理的资金投入结构。在政府预算投入、体彩票公益金投入的基础上，要积极探索社会赞助、社会捐赠投入等多元融资结构，形成对老年体育事业多方经费支持局面。

二是人才支撑能够体现骨干带动要求。老年体育指导员、裁判员、教练员和志愿者等骨干队伍是推动供给服务的重要支撑力量。完善的老年体育人才支撑体系会为老年体育公共服务供给节省大量的人力和物力。从美国和德国的发展实践来看，他们都将建设专业化的老年人体育指导员作为重要手段形成科学合理的体育志愿服务体系。因此，要将他们的培训纳入各级体育部门的培训规划当中，不断提高专业水平，提升服务质量，为供给服务提供强有力的人才支持。同时，还要强化管理、立法引导、通过激励机制反哺各类老年体育人才的服务，形成良性循环。

三是宣传教育能够体现凝心聚力要求。务必要发挥好宣传教育的舆论氛围和导向作用，第一要把握宣传导向，紧密围绕党和国家关于老年体育工作的方针、政策；第二要建立宣传队伍，切实加强对宣传工作的领导和引导；第三要扩大宣传阵地，首先要保证将老年体育宣传融入当地主流媒体平台中，既能形成良好的舆论氛围，又可以提升老年体育的社会地位和领导重视程度，其次要紧密结合和充分利用国家级各类形式的宣传平台，形成内外结合的多角度、多层面宣传渠道。

四是创新支撑能够体现驱动发展要求。以创新为引领，开展具体工作。第一要创新工作思路，围绕"积极应对老龄化"的总体要求，转变观念、把握规律、勇于创新。把创新思路体现在工作的策划、安排、运作和实施的过程中，最终体现在活动的效果上。第二要创新优秀项目。体现群众喜闻乐见的要求，体现丰富多彩的文化内涵，体现易于推广的良好作用。统筹社会力量，发挥站点作用，集中群众智慧，发挥站点优秀社会体育指导员的作用，在项目创新上有新成果。第三要创新活动方式。在活动形式、活动内容、活动载体上有所改进、丰富和提升。坚持走文体结合、动静结合、内外结合之路，扩大老年人健身活动的空间，提升老年人多途径参与健身活动的积极性。

（三）考核评价要体现督促激励要求

当前，我国部门服务老年体育的动力主要来自中央政府的外部压力，而部门的内部动力则不足，原因在于老年体育工作对很多部门来讲都不是主要工作，而且利益关系不大。因此，要加强对相关部门的考核评价，充分发挥督促激励作用。首先，要争取各级政府把老年体育公共服务供给工作纳入相关部门的目标责任考核内容；其次，要建立工作激励机制，将老年体育公共服务供给成绩显著的单位和个人作为群众体育先进单位和先进个人的表彰对象，通过表彰激发调动从事和服务老年体育工作者的积极性和创造性，并通过主流媒体的报道扩大其社会影响，以达到督促激励效果。考核评价可从组织建设情况、创新发展情况、活动开展情况、先进典型情况、宣传教育情况5个方面进行，简称"五动促进"考核评价，具体如下。

1. "五动促进"考评激励评价体系

"五动促进"考评激励评价具体是指运用"组织推动、竞赛拉动、创新驱动、典型带动、宣传鼓动"的工作方法，创新形式，丰富内容，提升质量，推动老年人健身活动科学化、网络化、常态化，动员和组织更多老年人走出家门，参与健身，享受快乐，收获健康，增强老年人的获得感和幸福感。

一是组织推动。加强各级老年人体育协会组织建设是做好老年体育公共服务供给工作的重要保障，要选好配强老年体协领导班子和工作班子，增强领导能力和执行能力，不断推动供给服务创新务实发展。

第一，配好领导班子及工作人员。各级老年体协组织都要配强配好领导班子及工作人员，建立完善工作机制，提高素质和能力。要切实加强自身建设，打造学习型、创新型、服务型社团组织，当好党和政府联系广大老年群众的桥梁和纽带。

考评点1：按照国家关于领导干部和退离休领导干部担任社团组织领导职务的有关规定，主要从退休老干部中选配相对年轻、能力强、有责任心的同志任职老体协主席、副主席、秘书长；选配有进取心、年富力强、熟悉和热爱老年体育工作的同志在老体协任职或兼职。

考评点2：在县（市、区）建立老体协的基础上，积极推动老年人体育协会组织向乡镇（街道办事处）、行政村（社区）、行业、机关、企事业单位延伸，城市社区和农村老年人体育协会组织覆盖率要达到90%以上。

第二，推进实现"四纳入、一列入"目标。

考评点1：切实建立"党政主导、部门尽责、协会组织、社会支持、重在基层、面向全体"的工作格局，把老年人体育公共服务供给工作纳入国民经济和社会发展总体规划、基本公共服务体系规划、老龄事业发展规划和全民健身实施计划。

考评点2：将老年体育公共服务事业经费列入同级财政预算，确定基数，随着国民经济发展逐年增加，要在体彩公益金中明确一定比例支持老年体育公共服务事业发展。

第三，建立工作联席会议制度。

考评点：贯彻"大群体"理念，在各级政府的领导下，体育部门牵头建立相关部门参加的加强老年体育公共服务工作联席会议制度，明确任务，各司其职，定期联席研究、解决供给服务中的问题，为老年体育公共服务高质量发展创造良好的环境和条件。

第四，"四有、四落实"到位。

考评点：各级老年人体育协会要着力抓好基层基础工作，省、市、县、乡、村及城市街道、社区都要重视制定和完善建会标准，实现各级老年人体育协会"四有"（有组织、有人员、有阵地、有活动）、"四落实"（办公地点落实、活动经费落实、工作计划落实、指导评估落实）目标。

二是展示拉动。遵循重在参与、重在交流、重在健康、重在快乐的原则，组织不同项目、不同形式、不同规模的展示活动，是引导更多老年人走出家门、参加健身的重要途径。

第一，积极参加重要赛事健身活动。

考评点：参加全运会、省运会及全国老年人健身大会、省老年人健身大会，充分展示本地区、本单位老年体育广泛深入开展的优势和水平。各省、市、县要积极组织举办本级老年人健身大会。各级健身大会要本着规模适度、创新发展、勤俭办会、重在安全的原则举办。

第二，举办重大节假日主题活动。

考评点：利用各种节假日、纪念日、庆典日，尤其要以全民健身月、"8·8"全民健身日、"九九"老年节为契机，组织特色鲜明的老年人体育健身展示活动。要根据体育行政部门和各级老年人体育协会的统一安排，制订实施方案，认真落实。

第三,坚持老年体育活动开展常态化。

考评点:加强基层站点工作,做到年有规划、月有计划、周有安排,经常开展下基层、送健康活动。依靠社会体育指导员组织和引领丰富多彩的老年健身活动,使老年体育更加接近群众,逐年提升有条件经常参加体育活动的老年人口比例。

三是创新驱动。创新是做好各方面工作的内生动力,也是加强和做好老年体育工作的活力所在。只有创新,才能适应新形势、探索新经验,开创老年体育工作的新局面。

第一,创新工作思路。

考评点:要围绕"积极老龄化、健康老龄化"的总体要求,坚持以人民为中心的理念,结合推进国家"六边工程"建设,把创新体现在年度工作的策划、安排、运作和实施的过程中,最终体现在效果上。

第二,创新优秀项目。

考评点:项目创新要充分体现群众喜闻乐见的要求,体现丰富多彩的文化内涵,体现易于推广的良好作用。要统筹社会力量,发挥站点作用,集中群众智慧,争取专家参与,在项目创新上逐年有所进展。

第三,创新活动方式。在活动形式、活动内容、活动载体上有所改进、丰富和提升。坚持走文体结合、动静结合、内外结合之路,拓展老年人健身活动的空间,提升老年人多途径参与健身活动的积极性。

考评点1:县级以上城市原则上都要整合优势项目资源,组合创新项目展演团队,深入基层,向广大群众进行老年人文体健身优秀节目展演,提升老年人参加健身的积极性、主动性。

考评点2:老年健身活动要推广原创健身项目,挖掘本地具有文化内涵的健身项目,采取多种文化形式,创编和推广老年健身项目。

四是典型带动。树立典型,是重要的领导方法和工作方法。老年体育公共服务高质量发展需要从不同层面、不同方面、不同领域培养和树立先进典型,带动活动的广泛开展。

第一,发现培养典型。

考评点:各地都要把发现、培养、树立典型作为经常性的重要工作来抓,努力做到"胸中有全局、手中有典型",用典型带动工作。既要有先进集体典型,又要有先进个人典型;既要有不同层面老体协典型,又要有基层站点典型;既要有从事老年体育工作者典型,又要有"五员"(老年人健身项目社会体育指导员、辅导员、裁判员、教练员和管理员)典型。

第二,广泛推荐典型。

考评点:对先进集体要着力宣传工作成效、好的做法和经验,对先进个人要着力宣传先进思想和优秀事迹。要多形式、多渠道把先进典型树得起、叫得响,作用发挥得好。尤其要总结和宣传在工作中有创新精神、有突出业绩的典型。要通过举办报告会、演讲会、座谈会等形式宣传、介绍先进典型的事迹,并通过省、市主流媒体的报道扩大先进典型的社会影响。

第三,适度奖励典型。

考评点:各地要制定不同类型的典型评选条件,明确评选数量,坚持公开、公平、公正的评选原则,给予先进典型必要的表彰和奖励,激发调动作者的积极性和创造性,形成"学先进、当表率、做奉献"的良好氛围。

五是宣传鼓动。进一步加强宣传教育工作,为老年人参加体育健身创造良好的舆论氛围和社会环境。

第一,建立宣传队伍。

考评点:加强对宣传工作的领导。各地都要成立宣传报道组,要邀请一名以上熟悉老年体育工作的新闻记者参加老年体育宣传报道工作,并建立基层通讯员队伍。每季度都要制订宣传工作计划,专人负责,抓好落实。

第二,加强宣传力度。

考评点:积极争取当地主流媒体的支持。在报纸上开设老年人健身专栏或相应栏目,在电视台开设老年人体育健身新闻集锦、专题或相应栏目,在电台开设老年人健身、养生知识讲座或相应栏目,同时要重视发挥微博、微信、网站、微视等新兴媒体的作用,加大老年体育工作和老年人健身活动的宣传力度。要大力宣传与老年体育工作相关的党和国家的方针、政策、法律法规、工作部署,同时宣传老年健身活动开展的情况、经验和有效做法。

第三,扩大宣传阵地。

考评点:各地老年体育组织要通过编发专项简报、开办老年健身报告会、科学健身讲座等，宣传健康知识，提高老年人健身的科学水平。要在老年健身场地设立科学健身专栏，赠发老年人健身读物和音像制品。要组织开展老年人诗歌、书法、绘画、摄影作品展，引领老年人走文体健身、科学健身之路。

2. "五动促进"考评激励评选办法

设立年度督查考评激励机制，按照评审分数划定等次，实行百分考核。5个方面，每个方面20分。严格按照考评点和分值，可采取自查、互查、抽查的方法，进行考核评选。自查要写出书面报告，互查要写出书面评估，抽查要写出书面结论，最终由上级评审组确定考核结果。

四、运行体制机制

（一）完善老年体育公共服务供给体制

在体制完善上，要从纵横两个层面综合考虑。纵向上，充分发挥老年体育行政管理部门的领导核心作用，以体育部门为主导，以各级老年人体育协会，各行业老年体育组织为辅助，分别在各自体系内完善和优化自上而下的纵深管理体制。横向上，要充分发挥"大群体"推进策略，打破体育、民政、财政、文化、旅游等部门界限和行业壁垒，形成协同创新、跨域治理的老年体育公共服务供给模式。第一，建立老年体育工作联席会议制度，成立政府多部门联席委员会。成员包括体育、发改、民政、财政、农业、文化、卫健、旅游、老龄办、工会、妇联、残联等部门。第二，委员会要设立常设机构。在政府的指导下，由体育部门牵头，一是全力推进多部门联席会议制度，积极推动建立齐抓共管的老年体育工作责任制，编制和组织实施老年体育中长期规划与年度工作计划，着力解决人、财、物等方面实际困难；二是进行统筹、协调及信息互通，实施有力的组织领导；三是整合分散的资源，制订顶层设计方案，明确发展路线图和时间节点；四是商讨和制定政策法规；五是监督评价工作进度，考评执行、表彰先进。各部门主要职责见表7-2。

表7-2 跨部门协同的主体及承担责任

部门	主要承担的责任
体育部门	牵头部门联席会议制度;编制和组织实施老年体育中长期规划与年度工作计划;建立和完善老年体育公共服务体系;重点落实供给服务的基础实施和质量提升;保障老年体育经费;建立工作激励机制,落实表彰激励
发改部门	将老年体育事业发展规划列入城乡国民经济和社会发展总体规划
民政部门	把支持发展老年体育事业列入民政事业发展规划;支持老年体育社会组织(团队)发展;鼓励和支持社会资本对老年体育事业发展的经费捐助
财政部门	把老年体育事业发展、活动开展、场地建设等经费纳入财政预算;支持鼓励老年体育工作经费来源多渠道、多元化,并随着经济社会发展不断加大投入;支持民政、体育部门审批安排彩票公益金使用时对老年体育予以倾斜
农业部门	抓好农村老年体育发展融入"三农"工作发展思路;解决农村老年体育工作人、财、物等实际问题
文旅部门	做好老年人文体活动的开展与推广;在老年体育项目创新、传统项目挖掘以及经费保障等方面给予支持;探索体育+旅游融合渠道;开发老年人健康养生游产品,提升完善老年游服务设施,积极拓展旅游市场、组织旅游活动
卫健部门	探索体医融合渠道;倡导运动促进健康与健康教育
老龄办	指导支持老年体育事业发展,将老年体育作为老龄事业发展和年度重点工作和重要内容
工会	组织机关、企事业单位建立老年体育组织,投入运作经费;组织广大职工开展文体活动;引导离退休职工参与职工健身活动
妇联	开展好中老年女性健身活动
残联	开展好中老年残疾人健身活动
各级政府	结合地方实际贯彻落实老年体育宏观政策

(二)优化老年体育公共服务供给机制

在机制优化上可从以下4个方面推进。

第一,构建政府统筹推动机制。具体要求:一是要提升对老年体育公共服务工作认识的重要性,明确政府责任。二是要综合运用资金、政策、评价和激励措施,落实政府责任。在资金支持方面,建立充足、有效、公平的财政投入机制。在政策引导方面，从国家宏观政策、区域中观政策、组织微观政策、各分领域政策四个方面，建立系统完备、衔接配套、有效激励的政策体系。在政绩评价方面，各级政府要把老年体育公共服务纳入了政绩评价指标。在表彰激励方面，建立开放式的激励模式，引导各地根据自身的实际情况，自主选择老年体育公共服务的实践模式，激发地方政府的创造性和能动性。三是建立系列工程推进机制，促使政府工作落地。对系列工程的推进，要落实主体责任，保证工程建设中都有专门机构和专业人员。优先配置工程资源，建立专项经费。四是建立督查推进机制，对每个工程的推进情况进行跟踪问效、督查督办，保证工程预期完成。

第二，构建跨部门协同机制。跨部门协同机制可以实现政策制定和执行的协同，打通系列工程管理渠道的协同，促进老年体育公共服务综合实施的协同，有效配置相关各方的资源和能力优势，发挥最大的社会效益。具体可以概括为以下三点：一是明确协同关系，二是建立跨部门协同的信息、资源共享机制，三是建立跨部门协同的监督激励机制。

第三，构建社会参与机制。发挥政府主导作用，为社会参与创造良好的制度环境，建立老年体育公共服务政策制定的社会参与制度，建立鼓励社会资本参与老年健身场地建设合理回报制度，加强老年体育社会组织建设制度，构建社区老年体育公共服务精准化供给制度等。

第四，不断完善系统内相关机制。主要涵盖建立老年人重大健身活动保障机制，建立加强基层基础工作机制，建立老年体育公共服务发展分级督查评估机制，建立多层次、多部门沟通促进机制等。

参考文献

[1] 乐昕. 中国老年人消费问题研究[M]. 上海：上海社会科学院出版社，2019.

[2] 中国老年学和老年医学学会. 新时代积极应对人口老龄化发展报告[M]. 北京：华龄出版社，2019.

[3] 孙鹃娟，杜鹏. 中国人口老龄化和老龄事业发展报告[M]. 北京：中国人民大学出版社，2016.

[4] 杨文轩，陈琦. 体育概论[M]. 北京：高等教育出版社，2019.

[5] 肖林鹏，靳厚忠. 体育创业与创新[M]. 北京：高等教育出版社，2019.

[6] 杨桦. 中国体育发展方式改革研究[M]. 北京：高等教育出版社，2016.

[7] 约翰·贝尔，米特·克劳奇·克里斯滕森. 后奥林匹克主义——21世纪体育批判[M]. 北京：人民体育出版社，2015.

[8] 张瑞林. 体育管理学[M]. 北京：高等教育出版社，2015.

[9] 陈林祥. 体育市场营销[M]. 北京：人民体育出版社，2015.

[10] 谭建湘，霍建新，陈锡尧，等. 体育场馆经营与管理导论[M]. 北京：高等教育出版社，2014.

[11] 黄海燕. 体育赛事管理[M]. 北京：人民体育出版社，2012.

[12] 张康之，周军. 一般管理学原理[M]. 4版. 北京：中国人民大学出版社，2018.

[13] 李阳，詹建国，毕研洁，等. 我国智慧社区体育发展现实困境与治理对策[J]. 体育文化导刊，2019（6）：40-46.

[14] 韩松，王莉. 我国体育产业与养老产业融合态势测度与评价[J]. 体育科学，2017，37（11）：3-10.

[15]《国家积极应对人口老龄化中长期规划》应对老龄化上升为国家战略[EB/OL]. http://www.gov.cn/zhengce/2019-11/23/content_5454778.htm

[16] 体育总局等12部门关于印发《关于进一步加强新形势下老年人体育工作的意见》的通知[EB/OL]. http://www.sport.gov.cn/n316/n336/c211510/content.html

[17] 胡庆山. 农村体育公共服务运行机制的学理构成、现实弊端及治理策略[J]. 武汉体育学院学报, 2020, 54 (11): 5-12, 26.

[18] 张凤彪, 王家宏. 基于结构方程模型的我国公共体育服务绩效评价实证研究[J]. 上海体育学院学报, 2020, 44 (11): 44-54.

[19] 郑军, 孔庆波. 我国社区体育公共服务的供给与需求研究[J]. 广州体育学院学报, 2020, 40 (5): 20-23, 30.

[20] 朱毅然, 刘安国, 孙晋海. 政府购买公共体育服务保障机制研究[J]. 西安体育学院学报, 2020, 37 (5): 568-574.

[21] 李燕领, 柳畅, 邱鹏, 等. 新时代公共体育服务体系: 本质特性、现实困境与路径机制[J]. 北京体育大学学报, 2020, 43 (8): 67-75.

[22] 吴秀云, 赵元吉, 刘金. 供给侧结构性改革下公共体育服务供需矛盾及其调和路径[J]. 体育文化导刊, 2020 (1): 18-22.

[23] 李留东, 田林, 杜浩楠, 等. 美、德、英三国公共体育服务建设经验及启示[J]. 天津体育学院学报, 2019, 34 (6): 466-473, 485.

[24] 卢文云. 改革开放40年中国群众体育发展成就与经验[J]. 体育文化导刊, 2019 (3): 23-28, 63.

[25] 蒋宏宇, 李理. 公共体育服务多元供给中的政府责任及其实现路径[J]. 湖南科技大学学报: 社会科学版, 2018, 21 (4): 165-171.

[26] 张恩利, 张冲, 马红娟, 等. 我国体育社会组织承接政府购买服务的法律政策[J]. 武汉体育学院学报, 2018, 52 (6): 39-43.

[27] 樊炳有, 王家宏. 公共体育服务标准体系框架构建及运行模式[J]. 体育学刊, 2018, 25 (2): 39-44.

[28] 宋亚伟. 供给侧改革背景下老年人体育公共服务供给[J]. 中国老年学杂志, 2018, 38 (4): 993-997.

[29] 宋亚伟. 老年人体育公共服务需求与供给[J]. 中国老年学杂志, 2018, 38 (1): 206-210.

[30] 汪全胜,卫学芝.政府购买体育公共服务的运作机制析论[J].体育与科学,2017,38(4):78-85.

[31] 王学彬,郑家鲲.回顾与展望:近10年我国公共体育服务研究述评[J].武汉体育学院学报,2017,51(6):5-12.

[32] 湛冰,王凯珍,范成文.从《美国老年法案》修订探索老年体育政策特征及启示[J].体育学刊,2020,27(4):35-40.

[33] 湛冰.近70年来我国老年体育政策研究[J].首都体育学院学报,2018,30(6):515-519.

[34] 湛冰,王凯珍.政策工具视角下美国老年体育政策文本特征分析[J].体育科学,2017,37(2):28-56.

[35] 湛冰.从《白宫老龄会议报告》管窥美国老年体育政策的演进特点[J].体育与科学,2017,38(3):38-44,57.

[36] 范成文,金育强,钟丽萍,等.发达国家老年人体育服务社会支持体系及对我国的启示[J].体育科学,2019,39(4):39-50.

[37] 范成文,刘晴.改革开放以来我国老年人体育政策研究[J].体育学刊,2018,25(2):27-33.

[38] 范成文,刘晴,金育强,等.基于魅力质量理论及Kano模型的老年人体育服务需求层次研究[J].成都体育学院学报,2019,45(2):55-61.

[39] 邓陈亮,余乔艳.大数据背景下老年体育产业创新发展[J].中国老年学杂志,2020,40(20):4467-4471.

[40] 杨凡,潘越,邹泽宇.中国老年人体育锻炼状况及影响因素研究[J].中国体育科技,2019,55(10):10-21,40.

[41] 张高华,张彦龙.城市老年人公共体育服务多中心供给研究[J].体育文化导刊,2018(1):27-30,41.

[42] 刘洪涛,刘献国.老龄化新常态下完善我国老年体育政策体系的构想[J].西安体育学院学报,2017,34(6):688-693.

[43] 刘洪涛.老龄化背景下我国现行老年体育政策的优化[J].山东体育学院学报,2017,33(2):42-45.

[44] 李承伟.21世纪以来中美老年体育政策比较[J].体育学刊,2017,24(3):76-80.

[45] 汪流.老年体育的"组织化"管理：讨论与思考[J].西安体育学院学报，2016，33（3）：311-316.

[46] 李建波.中国老年公共体育服务模式研究[J].北京体育大学学报，2015，38（9）：20-27.

[47] 张磊.我国公共体育服务的理论实践及其有效治理——苏州大学王家宏教授学术访谈录[J].体育与科学，2016，37（6）：14-20.

[48] 刘望，王政，谢正阳，等.新时代我国公共体育服务高质量供给研究[J].体育学研究，2020，34（2）：73-80.

[49] 焦长庚，戴健.网络化治理视域下公共体育服务协同供给：逻辑、场域、路径[J].武汉体育学院学报，2020，54（8）：12-19.

[50] US DEPARTMENT OF HEALTH AND HUMAN SERVICES，2008. Physical Activity Guidelines for Americans[EB/OL].[2018-05-18]. www.health.gov/paguidelines

[51] US DEPARTMENT OF HEALTH AND HUMAN SERVICES，2010. Healthy people 2020[EB/OL].[2018-06-28].http://www.Healthy people.gov/

[52] 陶涛，王楠麟，张会平.多国人口老龄化路径同原点比较及其经济社会影响[J].人口研究，2019，43（5）：28-42.

[53] 董伦红，徐冰，沈纲.德国科隆体育学院体育和运动老年学硕士培养特点及其启示[J].体育学刊，2015，22（1）：80-83.

[54] 舒刚民.审视与治理：我国老年公共体育服务供给的再认识[J].西安体育学院学报，2018，35（4）：420-425.

[55] 熊文，张兴梅.论我国体育体制的管理主义取向及其消解——兼论体育体制与体育管理体制的分化[J].天津体育学院学报，2019，34（3）：191-197.

[56] 刘宁宁，杜涛.基于知识图谱的中国老年体育研究现状、热点与前沿分析[J].中国老年学杂志，2019，39（12）：2933-2937.